AF222986

Merve
Verlag

Jean-Luc Godard
Liebe Arbeit Kino
Rette sich wer kann (Das Leben)

Aus dem Französischen übersetzt
von Lothar Kurzawa und Volker Schäfer

Merve Verlag Berlin

thanks to

Christoph Dreher
Michael Klier
Wolfgang Krausler
Peter Magdowski
Michael Proksch
Pro-Kino Verleih München
Charly Rösch
Stiftung der deutschen Kinemathek Berlin

ISBN   3-88396-019-5

INHALT

Redaktionelle Notiz:

Die beiden Drehbuchkonzepte und die drei Briefe von J.-L. Godard wurden nach einem vervielfältigten Manuskript übersetzt.
"Ein Drehtag" (von Alain Bergala und Leo Carax) und "Reden mit Unterbrechungen" (von J.-L. Goadard) erschienen zuerst französisch in "Cahiers du Cinéma" Nr. 316, Oktober 1980.
Das Interview mit "Libération" erschien Mai 1980.
Die Fotos für das Daumenkino machte Wolfgang Krausler

RETTE SICH WER KANN

(DAS LEBEN)

DIE HÖLLE

(JACQUES)

JENSEITS

(DENISE)

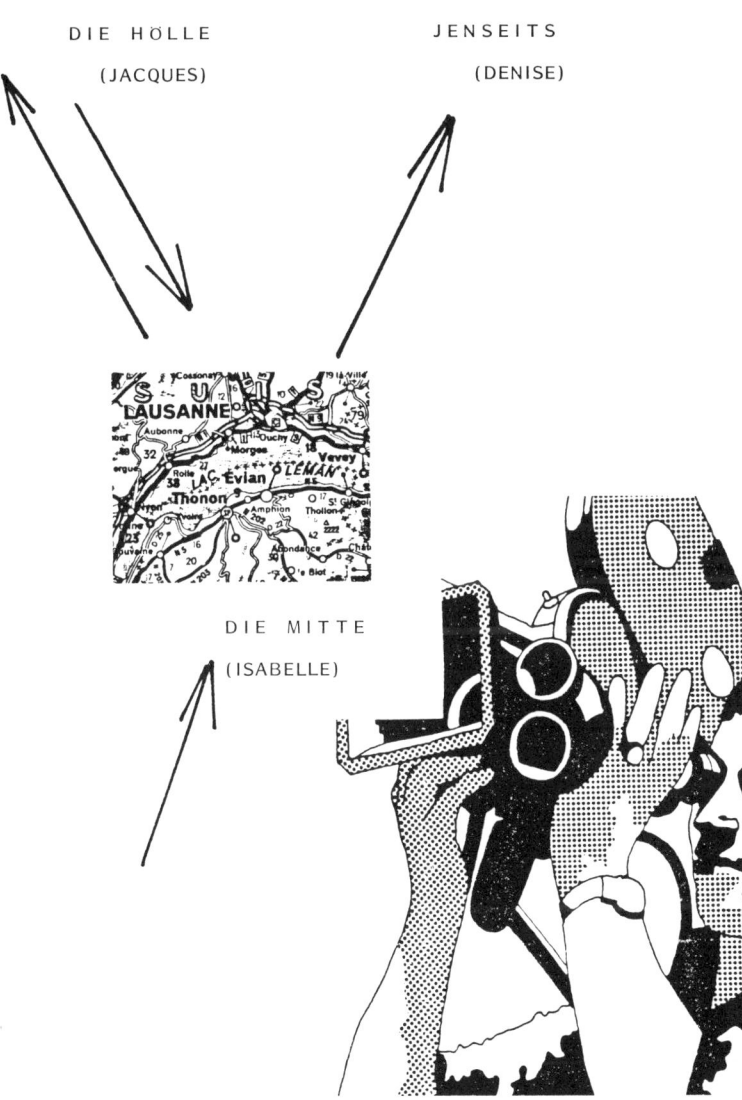

DIE MITTE

(ISABELLE)

Drehbuch

J-C Carrière
A-M Miéville
J-L Godard

Realisierung

J-L Godard

Produktion

Sonimage

Der Anfang spielt im Gebirge. In einer Gegend die Le Lieu /der Ort/* heißt.

Man zeigt ihr, was sie auf dem Bauernhof (oder in der kleinen Fabrik) zu tun haben wird. Wenn sie will, kann sie sofort anfangen.

Doch Denise sagt, sie müsse vorher noch einmal hinunter. Sie muß sich noch um einige Angelegenheiten kümmern, besonders um die Vermietung ihrer Wohnung am See. Sie trifft sich mit jemandem, der bereit ist, sie zu übernehmen.

Am Montag wird sie wieder ins Gebirge hochfahren, um anzufangen.

---

* Bei /.../ handelt es sich um Zusätze der Übersetzer.

Außerdem muß sie bei der öffentlichen Schule,in der sie
unterrichtet,ihren Abschied einreichen.
Denise ist Lehrerin für audiovisuelle Kommunikation.Es
wird ein langer Abschied werden,denn sie will sich auch
ihrem Projekt widmen.Sie schleppt diese Idee schon längere Zeit mit sich herum.Oben in den Bergen wird sie
Zeit haben,ein wenig mehr Klarheit in diese Angelegenheit zu bringen.
Am späten Nachmittag nimmt Denise ihr Fahrrad und
fährt wieder hinunter.Eine Strecke von gut 3 Stunden.
Aber Denise hat es gern,wenn ihr Blick im Rhythmus
der Beinbewegung die Landschaft durcheilt.

Währenddessen versucht ein Mann der Hölle zu ontkom=
men. Jacques. Wie hunderttausend andere versucht
auch er die Großstadt nach der Arbeit zu verlassen.

Der Verkehr stockt. Es gibt keine Hoffnung mehr.
Alle sind ungeduldig. Es kracht und gibt Tote.

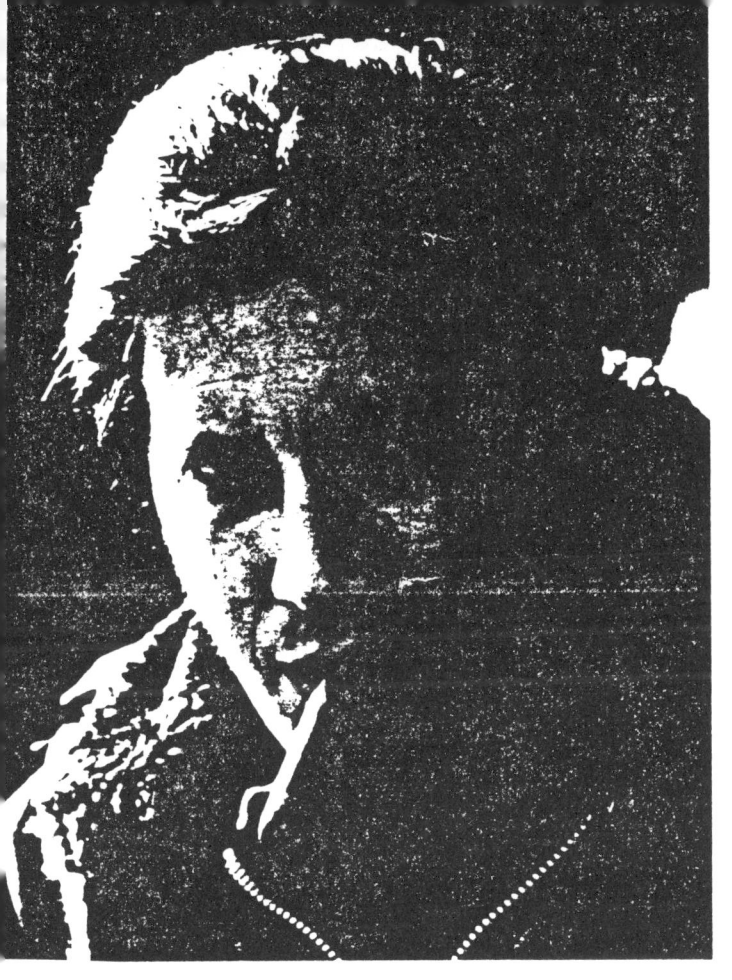

Schließlich gelingt es Jacques, dem Chaos zu entfliehen. Bei seinem Ausbruch trifft er eine junge Frau, Isabelle, die sich mit ihm gegen die anderen verbündet. Sie verlassen gemeinsam die Hölle, ohne vor den Mitteln zurückzuschrecken.

Am Tag darauf treffen Jacques und Isabelle in dem Städtchen am See ein. Jacques will nicht mehr weiter.

Isabelle fragt ihn nach seiner Telefonnummer. Er hat keine, aber er gibt ihr die einer Freundin.

Die Freundin ist die Frau vom Anfang. Jacques trifft nicht überraschend ein. Sie erwartet ihn. Sie besitzt eine Dreizimmerwohnung in einer der zwei Straßen des Städtchens.Es gibt hier nicht mal eine (rote) Ampel.

Tatsächlich besteht nicht der geringste Zweifel daran, daß vorher zwischen den beiden etwas gewesen ist. Und kaum angekommen möchte Jacques gerne an dieses Etwas wieder anknüpfen, am liebsten würde er sofort eine persönliche Beziehung zwischen ihnen herstellen, sie organisieren und leben.

Im Gegensatz dazu möchte sie eine eindeutige Festlegung ihrer Beziehung vermeiden und alles offen lassen. Vor einigen Wochen hatte Jacques sie angerufen und ihr gesagt, daß er nicht länger so leben wolle wie bisher, er habe über ihre Gespräche nachgedacht. Und wenn sie ihm ihre Wohnung überlassen wolle, würde er sie gerne nehmen, um eine andere Basis zu finden. Sie hatte ihm gesagt, er solle kommen.

Nun ist er gekommen. Zudem haben sie einen Vorwand, sich zu treffen. Das Projekt von Denise. Dieses Projekt ist eine Sendereihe fürs Fernsehen. Jacques hat Möglichkeiten, Denise zu helfen. Sie hatte ihm seinerzeit 10 Seiten gegeben, die er ihr mit den Worten zurückgab: Es müßte dieses und jenes geändert werden. Aber im großen und ganzen ist es in Ordnung.

Aber Denise ist mit diesen Seiten nicht mehr allzusehr zufrieden. Sie antwortet, das Projekt habe sich weiterentwickelt. Sie möchte noch einmal mit der Arbeit von vorne anfangen. Aber anders. Sie hat Lust auf einen Tapetenwechsel. Sie ist auf der Suche nach sich, in sich und möchte sich wiederfinden.

Anfangs gefällt es Jacques ziemlich gut in diesem Städtchen am See. Es verändert ihn und er wird ruhiger. Sicherlich, es ist nicht der rechte Ort, um allein zu leben. Und es gelingt ihm nicht an Denise heranzukommen. In ihr Leben einzudringen.

Aber wenigstens kommt er wieder zu Kräften. Er ist wie jeder andere auch. Er sucht einen Ort, wo er sich hinretten und sicher fühlen kann. Einen Ort, mit dem er verwurzelt ist, den er sein Eigen nennen kann, mit Familie: so etwas besitzt er nicht. Also versucht er, es bei anderen zu finden. Darüberhinaus möchte er sehen, was die anderen machen, um ihre Haut zu retten. Wenn er eine Entscheidung treffen soll, fragt er immer erst: was würdest Du denn da machen?

Bereits am dritten Tag ruft Isabelle an. Sie und Jacques verabreden sich. Sie kommt vom Lande, vom gegenüberliegenden Seeufer, das auf französischer Seite liegt.Doch zu ihren Eltern zurückzukehren, sagt ihr nicht zu. Sie braucht eine Stadt, und sei es nur eine Kleinstadt; denn sie hat sich entschlossen, von Männern zu leben. Wenigstens für eine kürzere Zeit. Sie ist dabei, alles in die Wege zu leiten. Sie hat ein Appartement gemietet und eine kleine Annonce aufgegeben. Die Sache läuft gut an.

Die beiden Frauen begegnen sich. Die drei Personen stellen sich mehr oder weniger die gleichen Fragen: Was muß man machen, um sich selbst zu finden, um wieder ein Zuhause zu haben? Nicht jeder kann gewinnen, aber jemand der nicht nach Hause zurückkommen kann, hat überhaupt keine Chance. Also welchen Zug soll man nehmen? In welchem Bahnhof soll man zusteigen? Wie findet man eine Tätigkeit, die es einem gestattet, ein wenig eigene Musik zu spielen, anstatt immer nur die der anderen zu begleiten.

Die beiden Frauen haben Jacques gegenüber einiges voraus. Er stellt andauernd Fragen, die sie unzureichend oder gar nicht beantworten. Besonders Denise hat ziemlich weiche Züge, die ab und an jedoch abrupt und hart in sehr klare Linien übergehen. Außerdem macht sie keinen Hehl daraus, daß sie auf der Suche nach ihrem Standort ist.

Bei Isabelle ist das anders. Am Anfang scheint sie vage und dem Zufall ausgeliefert zu sein. Nach einer kurzen Weile beginnt sie sich selbst zu definieren. Aber diese Definition läßt ausgedehnte Grauzonen bestehen, die sie jedoch nicht weiter beunruhigen.

ines ist klar: als Denise sich mit dem Besuch von
acques einverstanden erklärt hatte, rechnete sie da-
it, daß er die Wohnung übernehmen würde. Aber bei
äherer Betrachtung der Dinge wird Jacques klar, daß
r nicht durchhalten wird. Darüberhinaus sagt Denise
m klipp und klar, daß sie wieder in die Berge ge-
en wird. Von dort kommt sie her, dorthin wird sie
ieder gehen.

araufhin macht Isabelle den Vorschlag, die Wohnung
u übernehmen. Das Appartement, das sie in der Nach-
arstadt mieten wollte, ist etwas klein. Sie glaubt, daß
ie ganz gut zurechtkommen wird, und sie möchte ger-
e dableiben. Wie lange? Sie weiß es nicht, vielleicht
ir immer.

Das gibt sie Jacques zu verstehen. Sie sagt ihm soga:
So einen Typen wie Dich könnte ich gebrauchen. Isabelle sagt, daß ihre Arbeit auch genug für zwei Leute abwerfen würde, falls Jacques Lust habe nichts zu tun.

Während Isabelle bis dahin eher ein neutrales Element zwischen maskulin und feminin repräsentiert hat, mach sie jetzt plötzlich ihren Standpunkt deutlich. Indem sie Jacques zu einer Entscheidung zwingt.

Wo soll ich leben? Und mit wem? Diese Fragen stellen sich drei Personen, während sie ein paar Tage miteinander am See verbringen.

Sie möchten gerne wieder sich selbst oder besser ein Zuhause finden. Liebe und Arbeit inbegriffen. Aber welchen Platz genau soll jeder von ihnen einnehmen.

Die Woche geht zu Ende. Die nächste beginnt. Denise bricht auf. Isabelle nimmt ihren Platz ein. Jacques will weder aufbrechen noch bleiben.

Schließlich kehrt er in die Stadt zurück, aus der er gekommen war. So wie das Verlassen der Hölle wird auch die Rückkehr für ihn mit Schmerzen verbunden sein.

11.April 1979

Brief Nr. 1 an die Mitglieder des Projektförderungs-ausschusses
Vorläufige Bemerkung zur Produktion und Realisierung des Films:

Rette sich wer kann (Das Leben)

Können Sie auf ein paar Seiten oder in ein paar Worten zwei oder drei Dinge über Ihr Projekt sagen?

Ein paar Seiten? In Ordnung. Ich bin schon ziemlich zufrieden, denn es sieht ganz danach aus, als nähmen die Dinge hier ihren gewöhnlichen Gang. Alles hängt davon ab, was man daraus macht. Machen.

Einen Film machen, Film /cinéma/ machen. Wie wird heutzutage in Frankreich, in diesem Teil der Welt Film gemacht?

Man hat mich öfters für einen Lehrer /donneur de leçons/ gehalten. Heute mit 50 Jahren, von denen ich 30 beim Film war (von denen allerdings nur 20 Spuren auf der Wahrnehmungsoberfläche hinterlassen haben), habe ich ein wenig das Gefühl, eher wie ein Blutspender /donneur du sang/ funktioniert zu haben. Das hat Gutes, aber auch manchmal Schlechtes mit sich gebracht.

Sogar die Werbung hat das Verfahren der Nicht-Überblendung, der Nicht-Verkettung von Elementen bei mir abgeguckt, ohne mir das gebührend zu vergelten.

Aber heute, sehen Sie, würde ich daraus gerne wieder Überblendungen machen, Elemente, die sich verketten. Ich glaube, daß ich dann endlich wissen werde, wie man Felder und Gegenfelder erzeugt, und zwar nicht nur im Raum.

Felder und Gegenfelder, die sich in der Zeit überblenden; daß ich dann wissen werde, daß sogar die Zeit überblendet, daß sich unterschiedliche Zeiten /temps/

überblenden: sonnige und bewölkte Zeiten, Friedens-
zeiten und all die Zeiten des "ich habe keine Zeit".
Und demnach auch all die Zeiten des Verbs, des Zeit-
wortes, von dem man sagt, daß es die Handlung dar-
stellt.

Zeit haben. Den Zeitpunkt wahrnehmen, um dieses
Haben zu zeigen. Wenn sich etwas hinzieht oder die
Kamera bei den Übergängen von einer Einstellung zur
nächsten nicht mehr gleitet, sondern absackt (die Rus
sen würden hier Bildausschnitt sagen), dann sollte
man z.B. einen Blumenstrauß zusammenstellen oder einen Liebesdialog schreiben, die Blumen in der Geschwindigkeit der Worte und der Stille.

Was wollen Sie? Originalton oder Offton? Und was wäre, wenn man den Originalton im Off hören würde?
Oder was wäre, wenn ich etwas höre, und dann denjenigen aufnehmen würde, der hört, und nicht denjenigen, der spricht? Braucht man, um denjenigen
zu filmen, der zuhört, eine Nagra oder eine Eclair?

An dieser Förderungsgeschichte finde ich eine Sache
ganz nett. Man kann wenigstens bei seiner Wahrheit
bleiben, was man bei einem Verleih oder selbst bei
Schauspielern, sofern es sich um Stars handelt, nicht
wagt.

Zum Beispiel wollen Sie statt des Drehbuchs nur ein
paar Seiten, aber Sie wollen einen zusammenhängender
Dialog als Beispiel.

Nichts läge mir ferner als der Gedanke zu provozie-
ren, aber ich begreife nicht so richtig, was sie darun
ter verstehen (welcher Stimme,welchem System folgt
dieses Verstehen). Sicher, ich sehe wohl, man soll
ein Dialogbeispiel und sogar einen vollständigen Dialog einreichen, um eine Vorstellung von dramatischen
Szenen und schließlich sogar vom Rhythmus dieses
Dramas zu vermitteln.

Aber ich bin nicht Pagnol, und doch, Gott weiß wie sehr ich Angèle* liebe! Oder ich könnte Ihnen Dialoge von Charles Bukowski unterjubeln; denn wenn man erstmal das Geld hat, kann man ihm die Rechte en gros abkaufen und sich bei ihm je nach Belieben bedienen.

Aber gleichzeitig möchte ich etwas anderes. Ich möchte Verlangsamungen machen, um das, was man gewöhnlich nicht sieht, zu filmen. Ich werde versuchen, Ihnen das anhand einer Videokassette zu zeigen. Es werden keine genauen, exakten Zeitlupen, sondern eher Dekompositionen sein: Dekompositionen der Vergangenheit in dem Augenblick, wo sie die Gegenwart der Personen komponiert.

Nun zum Licht. Zum Stab sollten zwei bis drei Kameramänner, zwei bis drei Generäle oder Offiziere der Fotografie gehören. Ich möchte, daß sie miteinander diskutieren. Sowohl über die Qualität des Lichts in einem Dickicht oder einer Küche, wie über die Qualität von Abzügen in unterschiedlichen Kopierwerken. Ich möchte ihnen in Ruhe zuhören können, ihnen dann Fragen stellen und sehen, wie sie eventuell verschiedene Antworten geben, wie z.B. Ärzte bei einem Kranken.

Um Ihnen eine Vorstellung von meiner Arbeit und meiner Liebe zu dieser Arbeit zu vermitteln, müßte man ein wenig anders als mit Worten arbeiten, auf jeden Fall nicht immer die Worte gleich an die erste Stelle setzen. Sprechende Bilder wären mir hier lieber als eine bildhafte Sprache.

Ich hoffe, Sie nehmen mir diesen Brief nicht übel, den zu schreiben mir einige Mühe und Kummer (Liebeskummer) bereitet hat. Ich spreche eher als Maler oder Romancier, denn als Dramatiker zu Ihnen. Aber die

---

*Angèle, Film von Marcel Pagnol aus den 30er Jahren

Romanciers unter Ihnen werden lächeln, wo ich doch nicht einmal Pinsel habe, sondern nur eine Farbmaschine und Zeiten des Verbs, um die Farben auszulegen. Das bringt mich auf Auslage: eine Auslage, auf der ich Ihnen meine Ware zeige, damit Sie sie im Namen des Staates kaufen. Doch Scherz beiseite, man hat sich stets über die Kleinwarenhändler in Sachen Film lustig gemacht, doch heute, wo ich selbst ein kleines Unternehmen mit Maschinen für Bilder und Töne habe, glaube ich, daß der cash-flow genausoviele Liebesbeziehungen wie Arbeitsbeziehungen zum Drehbuch unterhält.

Aus all diesen Gründen ist es unerläßlich, daß ich Ihnen einige Arbeitsproben aus diesem Film schicke. Sie können sie sich zu Hause auf Ihrem Fernsehgerät (Locatel* wird es ermöglichen) anschauen und sich so ein Bild von der praktischen Arbeit an diesem Film machen. Und wenn Sie dann noch Lust haben, sich etwas mit mir darüber zu unterhalten, bevor Sie sich entscheiden, so habe ich nichts dagegen. Selbst wenn es hinterher kein Geld geben sollte, wird es dabei vielleicht noch zu einem nicht einmal schlechten Gespräch zwischen uns kommen. Auf jeden Fall wird dabei etwas Produktives zwischen uns zustandekommen.

12.April 1979

---

* bekannter französischer Hersteller und Verleiher von Fernsehern und Videorecordern etc.

RETTE SICH WER KANN

(DAS LEBEN)

Drehbuch vom 15. Mai 1979

Erste Bewegung

(JACQUES)

Von der Hölle zur Mitte

Die Metropole.
Am Abend.
Ein Café.
Streit unter Gästen.
Jacques geht nach draußen.
Streit zwischen Autofahrern.
Er geht ins Kino zurück.
Streit zwischen Kassiererin und Zuschauer (Sagen Sie
das dem Vorführer – es gibt keinen Vorführer).
Er betritt den Saal. Ende des Films (Hiroshima)(?).
Jacques (ein Organisator des Filmclubs) leitet die Dis-
kussion ein,stellt die Autorin vor.
Marguerite Duras (?) ist verschwunden.
Jacques sucht sie.Eine Freundin von ihm (Denise) teilt
ihm mit, daß Duras in der Vorhalle wartet.
Duras will nicht über den Film reden. Für sie ist das
Ganze abgeschlossen.
Jacques regt sich auf.Denise verteidigt Duras.
Jacques regt sich wieder auf.
Marguerite Duras erklärt mit ruhigen Worten ihren
Standpunkt. Die Zuschauer gehen fort. Jacques beglei-
tet Denise zum Bahnhof.
Sie sprechen über ihre Wohnung, die sie vermieten will.
Übernimmt Jacques sie nun oder scheißt er drauf?
Jacques zögert. Es hängt von Denise ab.
Denise regt sich auf. Jacques bleibt allein zurück.
Er fährt mit dem Auto ziellos umher. Er gabelt ein
Mädchen auf. Es nimmt ihn in ihr Appartement mit.
Isabelle und Jacques verbringen die Nacht miteinander.

Zweite Bewegung

(ISABELLE)

Von der Mitte zur Mitte

Die Nacht ist für Isabelle und Jacques zu Ende.
Der Kunde bezahlt die Arbeit (oder die Ware).
Jacques geht fort.
Isabelle bleibt zu Hause (in ihrem Haus und ihrer Fabrik).

Später führt sie ein Telefongespräch, um eine Wohnung zu mieten, und verabredet sich.

Am Nachmittag. Wieder Arbeit. Ein anderer Mann.
Die gleichen Gesten wie bei Jacques.

Am Abend. Wieder Arbeit. Ein anderer Mann. Die gleichen Gesten. Die Arbeit und die Ware haben ein und denselben Körper.

Am Morgen. Isabelle nimmt den Zug. Sie trifft in einer kleinen Stadt ein. Sie klingelt an einer Wohnungstür. Man hört einen Streit, Weinen, Schreie.
Isabelle öffnet.

Dritte Bewegung

(DENISE)

Von der Mitte zum Jenseits

Isabelle sieht, wie Jacques und Denise sich tatsächlich schlagen. Denise ist obenauf und züchtigt Jacques regelrecht. Sein Gesicht ist blutig.

Denise hält schließlich ein. Isabelle sagt bei diesem Schauspiel schlicht mehrere Male HimmelGottnochmal.

Denise geht fort, nicht ohne Jacques vorher zu sagen, daß sie am Montag wieder herunterkommen werde und daß er sich bis dahin wegen der Wohnung entschieden haben müsse.

Wir bleiben bei Denise. Sie packt einige Sachen zusammen und holt ihr Fahrrad heraus.

Mühsam trampelnd fährt sie die Straße hinauf, die langsam von der Ebene oberhalb des Sees zu den Bergwäldern ansteigt, bevor sie in ihnen verschwindet.

Während der Fahrt spricht sie mit sich selbst. Die Berührung mit der Landschaft /le paysage/, dem weisen Land, /le sage pays/ macht sie allmählich ruhiger. Sie fährt einen Wanderer an (Werner Herzog, der gerade Henri Langlois* retten will). Sie sprechen miteinander am Straßenrand. Die Nacht bricht herein.

Tagsüber. Ein kleines Nest im Gebirge namens Le Lieu /der Ort/. Denise spricht mit einem Mädchen vom Bauernhof, das ihr zeigt, was sie zu tun haben wird.

Frühstück mit dem Redakteur des Lokalblattes, dessen Stelle sie übernehmen wird (Was heißt es, eine Neue/nouvelle/ zu sein? Und was ist eine Neuigkeit/nouvelle/?).

Denise fährt wieder hinunter.

---

* Henri Langlois ist der Gründer der Cinémathèque Francaise.

Brief Nr. 2 an die Mitglieder des Projektförderungs-
ausschusses

Im Augenblick haben wir Material für ungefähr eine
Stunde Film.

Aber es ist auch möglich, daß wir im Augenblick, wo
Denise wieder hinunterfährt und untertaucht, schon
eineinhalb Stunden zusammen haben, wenn man von
ungefähr einer halben Stunde pro Bewegung ausgeht.

Wenn ich über diesen Punkt hinauskommen will, darf
ich nicht weiter die Worte und die geschriebene Sprache privilegieren. Es wird notwendig, zu Bildern überzugehen, damit sie nicht nur bloße Wirkung bleiben,
sondern Ursache werden.

Eine Einstellung (Bildausschnitt sagten Eisenstein und
Dowschenko) soll nicht nur deshalb der vorhergehen-
den folgen, weil es Vorschrift (Mektub) ist, sondern
weil sich die erste Einstellung in die nächste verwan-
deln muß, um die eigene Bewegung fortzusetzen, so
wie sich in einem Spiel oder in einer Gesellschaft die
Leute zusammentun (oder auch nicht), um eine gesell-
schaftliche Bewegung fortzusetzen (oder sie anzuhalten).

Die Einstellungsfolge ist jedesmal wie ein Rechtsent-
scheid. Entweder führt er eine Übereinstimmung her-
bei oder einen Bruch.

Ich möchte also die Dreharbeiten mit Hilfe des Films
weiterführen. So einfach zu handhabende und relativ
billige Techniken wie Video oder Super 8 gestatten
mir, Ihnen einige Arbeitsproben zuzusenden, so wie
Cézanne, bevor er seinen Händler um ein paar Sous
bat, erst einmal einige Arbeitsskizzen eines Apfels
anfertigte.

Brief Nr. 3 an die Mitglieder des Projektförderungs-ausschusses

Ein Video-Band von ca. 20 Minuten.
Format: VHS/Secam
Beispiele von Dialogszenen
Beispiele von Überlagerungen /surimpressions/*
Beispiele von Zeitlupen/Dekompositionen
Beispiele von Überlagerungen
Beispiele von regelmäßig im Film wiederkehrenden
Übergängen vom Hauptdarsteller bzw. der Haupt-
handlung zu Nebenrollen, deren Handlung somit zur
Haupthandlung wird. (Der Hauptdarsteller als ständi-
ger Repräsentant der Statisten und die Großaufnah-
me in Funktion der Totalen)
Beispiele von Szenen, die noch nicht endgültig in den
Film eingebaut worden sind (ein Damenfußballspiel,
zu dem Jacques die Tochter von Denise begleitet).

---

* *surimpression*, bezeichnet eigentlich den Vorgang
der *Doppelbelichtung* in der Fotografie. Für die länger andauernden *Überlagerungen* von zwei Einstellungen in der Film- und Fernsehtechnik existiert
nur der im Deutschen unübliche englische Terminus
over-lay.

Alain Bergala und Leo Carax
Ein Drehtag

Es war nichts zu sehen (in Lausanne)

Rette sich wer kann (Das Leben) ist nicht der
Titel des Chansons, das Mesrine sang, als er
mit Freundin, Hund und Sicherheitsgurt aufs
Land fuhr, es ist der Titel des Films, an dem
Godard derzeit in Lausanne arbeitet. Wirkliches
Kino mit wirklichen Bildern, heißt es im *Express*.
Kommt der Staatsfeind Nr. 2 aus seinem Schlupf-
winkel hervor? Peyrefitte würde sich im Grab um-
drehen...
Neulich abends unterhielten sich zwei Verliebte
vor dem Eingang eines Kinos.Es ging um den
letzten Film von Claude Lelouche. Das Mädchen
hatte offensichtlich große Lust, ihn anzusehen,
der Junge nicht besonders. Er fragte: "Lelouche,
das ist doch einer der Typen von der Nouvelle
Vague, oder nicht? Ist es nicht der, der *Ein
Mann und eine Frau* gemacht hat?" Sie antwor-
tete: "Nein, das bringst du durcheinander.Das
ist Godard."
Mittwoch,den 31. Oktober brachen wir zu zweit
nach Lausanne auf, um eine Reportage über die
Dreharbeiten von *Rette sich wer kann (Das Leben)* zu machen. Abends waren wir wieder in
Paris mit an die 60 Fotos und einer Tonband-
kassette. Wir glaubten,Fotos wären nötig, um
mit dem Schreiben beginnen zu können.
Wir dachten, wenn man Godard beim Drehen zuschaut, begibt man sich an den Eingang einer
Fabrik, an den Ausgangspunkt einer Fabrika-
tionskette. Tatsächlich jedoch fanden wir uns
am letzten Glied einer anderen Kette wieder,die
wir unmöglich zurückverfolgen konnten (Godards

Denken, seine *Art*). Wir waren noch ratloser als Moullet und Pizzorno vor ihrem Thunfischteller, ihrem Ei und ihrer Banane. Wir suchen Antworten, aber finden nur Anfänge von Fragen. Wir suchen nach einem Schlüssel oder Schlüsselbund, aber die Türen sind verriegelt und wir tappen im Dunkeln. Das heißt, wir finden nichts Besonderes und stoßen uns doch unaufhörlich den Kopf. Auf der Rückreise nach Paris gewöhnten wir uns ein wenig an die Dunkelheit und die Fotos brachten ein wenig Licht. Das Licht einer Taschenlampe, um einen Film in Cinémascope und Technicolor zu projizieren.

"...einem Künstler bei der Arbeit zuzuschauen, kann nicht den Schlüssel ...zu seinem Werk erbringen. Natürlich kann die Beobachtung der Arbeit und der Entstehungsphasen eines Werkes in gewissen Fällen den Denkweg enthüllen oder professionelle Tricks zu Tage fördern, aber auch das sind bestenfalls nur Hypothesen oder lächerliche Geheimnisse." (Bazin)

Wie wird gedreht? Professionelle Tricks und lächerliche Geheimnisse

Mit dabei waren an jenem Tag, nach der Reihenfolge ihres Erscheinens: Renato Berta (Kameramann), William Lubtchansky (Kameramann), Jean-Luc Godard (Produzent, Drehbuchautor, Regisseur), Anne-Marie Miéville (Drehbuchautorin, Standfotografin), Luc Yersin (Toningenieur), Arriflex BL (Kamera), Jean-Bernard Menoud (Ka-

meraassistent), Romain Goupil (Assistent),Isa-
belle Huppert (Schauspielerin), Bernard Cazas-
sus (Schauspieler),Roger Jendly (Schauspieler).

Ein Vormittag voller Stille. Sechs Einstellungen.
An die 30 Takes. Kontinuierliche *Stille*, weil nahezu ohne Unterbrechung *gedreht wird*.Die weni-
gen Diskussionen vor einer Einstellung dauern
nur ein paar Sekunden. Beim ersten Take an
diesem Tag zögert Godard noch ein wenig beim
Postieren der Kamera.Aber danach zögert er
nicht mehr.Er ist offensichtlich zufrieden,wieder
mit der 35mm-Maschine zu arbeiten.Am Morgen
legt er die Bildausschnitte fest.Lubtchansky sagt;
er macht Fortschritte, es wackelt weniger.Wir
sehen, daß er einige Fehler macht (z.B. An-
schlußfehler, er verfolgt den falschen Wagen).
Aber er beherrscht das Filmhandwerk seit nahezu dreißig Jahren und für ihn gibt es nur eins
zu tun, wenn er eine Sache aufnehmen will,näm-
lich sie aufzunehmen.
Die Kameramänner teilen sich das Bild.Die Einstellungen sind kurz. Für ein und dieselbe Szene wird die Kamera bei jeder Aufnahme an unterschiedlichen Orten postiert.Lubtchansky sagt
uns, daß die gerade gedrehte Totale beim Schnei-
den mit der Großaufnahme der Schauspielerin
überblendet werden könnte. Eine weitere Möglichkeit wäre, die beiden Aufnahmen an verschiedenen Enden des Films einzubauen.
Wir befinden uns ein wenig außerhalb von Lausanne. Dritte Sequenz, zehnte bis sechzehnte
Einstellung. Isabelle Huppert am Steuer eines
R 5. Zwei knochenharte Typen folgen ihr in einem Mercedes, zwingen sie anzuhalten und holen sie gewaltsam aus ihrem Wagen heraus usw.
Zwölfte Einstellung,fünfter Take. Ein Wagen
der Lausanner Polizei taucht am Drehort auf.Der

Regisseur wird der mehrfach versuchten Entführung beschuldigt, aber die Schauspielerin erklärt, daß sie freiwillig mitgegangen sei. Ein kleiner Schüler aus Lausanne mit einem Tornister auf dem Rücken amüsiert sich über den ganzen Film, der da abläuft. Mit großer Begeisterung wiederholt er ständig: "Godard c'est bonnard" (good art is bon art). Die Dreharbeiten werden wieder aufgenommen. An dieser Stelle müssen wir die Töne und die Bilder beschreiben. Halten wir fest: Klappe, Autofarben, Reifenquietschen, Zuschlagen von Türen, Choreographie der drei Körper, Zuhälterfressen, Dia-

loge usw. *Pierrot le fou* und *Pieds Nickeles* (französischer Comic Strip). Was haben sie hier zu suchen, hier und heute? Wir wissen nicht viel, aber am Nachmittag erinnern wir uns bei der langen Kamerafahrt entlang der Registrierkassen des Supermarkts an *Tout va bien* und beim Essen erfahren wir, daß die männliche Hauptfigur des Films (Jacques Dutronc) Paul Godard heißt. Wahrscheinlich kommt Godard bei seinem Countdown auf seine eigenen Filme zurück und setzt sie in *Rette sich wer kann (Das Leben)* ein. Also wird *Rette sich wer kann (Das Leben)* wieder ein Kinofilm? Wir wissen es nicht. Vielleicht. Aber dann zum ersten Mal. Im Grunde haben wir nichts gesehen. Ein Tag von sechs Wochen Dreharbeiten. Dazu kommt, daß der Film zu drei Vierteln am Schneidetisch entsteht, wie Godard uns sagt. Die Bildausschnitte festzulegen, heißt einfach nur, die Wahl der Farben zu treffen, die man auf die Pa-

lette aufträgt. *Wird man diese oder jene Einstellung am Schneidetisch retten?* Es geht nicht darum, die *Erscheinungen* oder das *Bild* zu retten:
sondern die Bilder vor ihrer Verkettung, vor
ihren Ketten, vor den 24-Bildern-in-der-Sekun-
de, vor ihrer toten Schnelligkeit, mit der sie vorbeidefilieren. Für die Videoaufnahmen von *France
Tour Détour Deux Enfants* sog sich Godard poe-
tische Verse aus den Fingern, um neue Arbeits-
werkzeuge, die dazu dienen poetisch-wissen-
schaftliche Entdeckungen zu machen, zu finden.
Heute besteht sein Problem darin, entsprechende
Werkzeuge für den Kinofilm wiederzufinden.
Überall die *willentliche Verlangsamung:* das Film-
material soll doppelt belichtet und verschmolzen,
verkettet und verlangsamt werden ... handhab-
bar und sichtbar. Wie? Godard weiß es noch
nicht genau, aber das wird schon werden. Wenn
man eine Sache zu tun hat, ist das Einzige, was
man zu tun hat, sie zu tun. Aus diesen Gründen wird *Rette sich wer kann (Das Leben)* ein
großer Maler-Film. Auch deshalb, weil Godard, wie
Picasso, nicht sucht, sondern findet (wenn er
nichts findet, dreht er nicht). Das führt zu *anderen* Beziehungen und *anderen* Dialogen mit
den Technikern. Sie müssen suchen, was Godard findet. Godard findet, er sucht etwas
rüberzubringen, wie man sagt. Das geeignete In-
strument für diese Arbeitsweise wäre die Videokamera (übrigens tauchte für einen Augenblick
die Frage auf, ob man die Dreharbeiten mit der
Videokamera festhalten solle). Denn sie ermöglicht, etwas *sofort zu sehen*, zumindest aber
gestattet sie Technikern und Regisseur, sich
über *die Wörter zu verständigen* - wie über die
Bilddichte, um fotografisch, oder über die Einstellungsfolge, um in der Sprache der Aufnah-
metechnik zu sprechen. Bei *Rette sich wer kann*

(Das Leben) scheint grundsätzlich der Ort des Dialogs und dieser Verständigung in den Fotos von Anne-Marie Miéville zu liegen.

Godard will so oft wie möglich ohne künstliche Beleuchtung drehen. Man hat das Gefühl, der Film überschreite das Licht, jedoch ohne es völlig zu vernachlässigen. In der Stimme von Marguerite Duras kommt es an einigen Stellen des Films wieder zum Vorschein.

Hinweis (12.11.79)

Die Dreharbeiten von *Rette sich wer kann (Das Leben)* müßten heute be-

endet sein. In drei Tagen werden wir aufbrechen, um Godard in Rolle zu treffen. Wir wollen versuchen, uns ein wenig mehr Klarheit zu verschaffen.

Drei Bermerkungen von Alain Bergala

"Wenn die Dreharbeiten beendet sind", sagt Godard, "hat man erst ein Drittel der Arbeit geschafft." Dann kommen die Zeitlupen und Überblendungen, die ebenso deutlich sichtbar werden sollen wie bei Video. Doch die Kinomaschinen erlauben das nicht. Oder es wäre zu teuer: so muß man sich wahrscheinlich mit einem Videomodell begnügen, das Godard zu Hause mit seinen Videomaschinen herstellt und anschließend an ein Kopierwerk in Amerika sendet, um es auf Negativfilm umkopieren zu lassen.

Die Aufnahme der Bilder erfolgt sehr schnell, unglaublich schnell, fast wie bei einem Fotoroman: eine minimale Ausrüstung, die kleine Arriflex BL (wie Berta und Lubtchansky), keine Beleuchtung (nicht einmal im Supermarkt, wo ich Fotos mit Blendwerten von 1,4 bis maximal 2 bei einer Filmempfindlichkeit von 27 Din mache). Godard zögert nicht einen Augenblick, was den Standort der Kamera, die Einstellungen und die Takes betrifft, die er im Kopierwerk machen lassen wird. "Wenn er eine Aufnahme macht", sagt Lubtchansky, "ist er schon dabei, die nächste in seinem Kopf vorzubereiten." Wenn man sieht, wie schnell er arbeitet - während die Techniker den Schuß vorbereiten, schreibt er in drei Minuten in seinem Wagen die Dialoge -, sagt man sich, daß seine Gesten denen von Picasso in Clouzots Film viel ähnlicher sind als denen eines Regisseurs. Man versteht auf einmal, warum Godard der einzige Filmemacher ist, dessen Einstellungen uns seit zwanzig Jahren den Eindruck totaler Freiheit und absoluter Notwendigkeit vermitteln.

Unmittelbar nach dem Take läßt Godard die Kamera zurückfahren, die Schauspieler bleiben auf ihren Plätzen und Anne-Marie Miéville (Standfotografin) macht ihre Fotos, wobei sie sich auf der gleichen Achse befindet, wie vorher die Kamera. Dies sind Produktionsfotos, die anschließend ins Kopierwerk gehen. Mit einem anderen Apparat macht sie Schwarz-Weiß-Fotos von den Dreharbeiten. Pierre Goupils macht unterdessen Polaroidbilder, die mehr Familien- oder Erinnerungsfotos ähneln. Zu Beginn der Dreharbeiten bot Godard Lubtchansky eine Pocketkamera, eine Rollei 35, an. All das ergibt eine Menge Bilder.

Auch wenn diese Bilder nach dem Film zu kom-

men scheinen, bringen sie ihn dennoch voran.
Lubtchansky und Berta sprechen mit uns über
die Fotos von Anne-Marie Miéville. Sie finden
sie schön und sehen darin ein wichtiges Element,
um sich mit Godard über die Wörter, die Farb-
dichte und all das, was im Kopierwerk noch
sichtbar werden soll, zu verständigen, so als
ob man , um sich mit Godard zu verständigen,
zunächst etwas gesehen haben muß.
Aber an diesem Tag wurde uns auch deutlich,
daß Anne-Marie Miéville den Film nicht nur
durch ihre Fotos, sondern vor allem durch ihre ungezwungene Gegenwart voranbringt.Sie

webt bei den Dreharbei-
ten jene unsichtbaren Fä-
den, von denen Jean Coc-
teau einmal sagte,"daß
sie sich selbst auf diejeni-
gen auswirken,die sie
nicht bemerken..."

"Immer zwei für ein Bild"

Die beiden Kameramänner (William Lubtchansky
und Renato Berta) haben ihre Rollen nicht auf-
geteilt: entweder macht jeder eine Einstellung,
oder sie diskutieren die Einstellungen von Fall
zu Fall. Es scheint, daß zwischen ihnen alles
gut läuft und daß die größere Schwierigkeit ihr
Verhältnis zu Godard ist.
Eine Frage darf nicht fehlen, wenn man ihnen
bei der Arbeit zuschaut: macht die Tatsache,
daß Godard mit zwei Kameramännern arbeitet
(am Anfang wollte er sogar drei engagieren,da-

von einen Amerikaner), weil er "möchte, daß
sie miteinander diskutieren können", macht ihn
diese Form der Arbeit nicht noch einsamer?

Zuweilen hält Godard bei einer Einstellung die
Kamera selbst: nach zwanzig Jahren beginnt Godard selbst zu filmen, ein wenig ängstlich, vielleicht weil er seit zwanzig Jahren Mühe hatte,
sich mit den Technikern zu verständigen. Von
daher war es für ihn zweifellos notwendig, zwei
Kameramänner, und zwar die besten, zu engagieren.
Die größte Schwierigkeit scheint für Godard
und die Techniker darin zu liegen, sich über
die Wörter zu verständigen. Wie sollen die Bilder aussehen? Braucht man für die Aufnahmen
im Inneren des Wagens Schatten oder Licht? Welche Bedeutung hat es, ein Gesicht aufzunehmen
oder einer Bewegung zu folgen? Je weniger man
über die Zukunft dieser Bilder und später der
Zeitlupen und Überblendungen weiß, je weniger
man die Bedeutung oder Bedeutungslosigkeit
des klassischen Lichtwechsels kennt, desto weniger hat man das Recht, ihn zu kritisieren.

"Was die Zusammenarbeit mit Jean-Luc betrifft",
sagt Lubtchansky, "so fühle ich mich auf der
Ebene meiner Arbeit extrem auf den Arm genommen; man hat wirklich das Gefühl, umsonst hier
zu sein; man sagt sich, egal ob der Film gut oder
schlecht ist, man ist umsonst hier."

Jean-Luc Godard
Reden mit Unterbrechungen *

Der Titel: Rette sich wer kann (Das Leben)

Wir haben einige Zeit gebraucht, um den Titel
zu finden... der Titel ist, glaube ich, etwas
sehr wichtiges, vielleicht mehr für denjenigen,
der ihn macht, weil er ihm eine Richtung und
einen Hinweis gibt. Einmal hat er damit einen
Titel gefunden, den er mag... schließlich ist
das auch ein Ort, der so etwas wie die Heimat

des Films ist. Und wenn
dieser Film einen Dop-
peltitel trägt, kommt es
vielleicht von daher, daß
er eine Koproduktion ist
...Schließlich bin ich ja
Schweizer und Franzose
zugleich. Meine Situation
besteht darin, auf beiden
Seiten der Grenze zu woh-
nen und nicht einfach
nur Grenzgänger zu sein,
sondern doppelter Grenzgänger, stets ein Frem-
der, hüben wie drüben, mit dem Drang von der
einen Seite der Grenze zur anderen zu gelangen.
Auch der Film ist in etwa so. Und das gefällt
mir sehr gut, ich glaube, das ist Kommunikation, d.h. sich zu bewegen und nicht festgelegt
zu sein. Der Film oder die Kommunikation bedeu-
* Es handelt sich bei diesem Artikel um Auszüge
aus einer Pressekonferenz, die anläßlich der Erst-
vorführung von *Rette sich wer kann(Das Leben)*
in Avignon an 2 aufeinanderfolgenden Tagen
im Juli 1980 gehalten wurde. Die Fragen der Journalisten waren leider nicht in den *Cinéma de
Cahiers* abgedruckt. (A.d.Ü.)

ten nicht, sich an einem Ort zu befinden und dann zu einem anderen zu gehen. Sogar heutzutage ist der Mensch ein Wesen,das von einem Ort zum anderen geht und nicht erst an einem Ort verharrt und dann zu einem anderen geht. Auf Reisen haben mich immer wieder die Leute überrascht, für die die Reisezeit nicht zählt.Für mich dagegen ist sie fast das Wesentliche. Die Reisezeit oder zwei Stunden Wartezeit am Flughafen sind, glaube ich, weder Verlust noch Gewinn. Schließlich lebt man dabei ja ebensosehr. Doch obwohl soviel kommuniziert wird, existiert für die Leute diese Zeit nicht. Für sie existiert die Zeit nur als erstarrte Zeit, wenn man sagen kann, daß man an dem Ort bleibt, wo man gerade eingetroffen ist und von wo aus man wieder aufbrechen muß, und zwischen beiden existiert nichts.

Ich glaube gerade dieses *zwischen* ist das, was existiert. Und wenn dieser Film einen Doppeltitel trägt, dann vielleicht deshalb, weil da der Wunsch war, ihm einen kommerziellen und einen klassischen Titel zu geben: *Rette sich wer kann*, ein Schlagwort. Aber gleichzeitig hatte ich auch den Wunsch, ihn "Das Leben", "Die Freude", "Der Himmel", "Die Leidenschaft" zu nennen, oder irgendetwas in der Art ...

Mit dem Doppeltitel wollte ich gleichzeitig einen besonderen Effekt erzielen, nämlich die Möglichkeit,einen ditten Titel entstehen zu lassen. So kann sich jeder einen Titel montieren, der ihm ganz gut gefällt. Man kann ihn mit ziemlich präzisen wie auch mit etwas flexiblen Hinweisen versehen und vielleicht sogar mit ein wenig widersprüchlichen. In dieser Weise kann man meiner Meinung nach den ganzen Film, ja sogar meine Art Filme zu machen verstehen. Film heißt nicht: ein Bild nach dem anderen, sondern ein

Bild plus ein Bild, woraus ein drittes Bild entsteht. Dieses dritte Bild wird übrigens vom Zuschauer in dem Augenblick gebildet, wo er den
Film sieht ...

Sehen, Sprechen

Ich verstehe nicht, wieso ich nicht mehr mit anderen Filmemachern über technische Probleme
spreche und warum ich das nicht schaffe...Des-
wegen schimpfe ich viel darüber und rede
schlecht über sie, um auf diese Weise etwas bei
ihnen auszulösen und gleichzeitig, um mich zu

zwingen, bis ins Extrem
zu gehen oder mit einem
Amateurfilmer zu reden,
der mit mir sprechen
wird, wenn ich ihn fürs
Fernsehen interviewe.
Normalerweise wird nicht
über Film geredet. Ich
frage mich, ob das die
Musiker und Maler auch
so machen. Ich glaube
nicht... Auf mich haben

die Wissenschaftler oder bestimmte Seiten an
Wissenschaftlern stets eine besondere Anziehungs-
kraft ausgeübt, zum Beispiel eine Gruppe des
Institut Pasteur, oder zwei Personen des Institut Pasteur, vielleicht auch nur eine ... Sie
haben im Team gearbeitet, und ein,zwei Jahre
später publizieren sie dann ihre Forschungser-
gebnisse. Genau an dieser Stelle läuft,glaube
ich, etwas schief in der Wissenschaft. Und zwar
deshalb, weil sich die Leute erst die Dinge an-
sehen und miteinander forschen und anschlies-
send miteinander reden, um dann alles in einer
literarischen Form auszudrücken. Aber mit dem

Vorsprung, den sie haben, oder der Realität, die sie mit eigenen Augen gesehen haben, passiert etwas, wenn sie es im Nachinein beschreiben, und alles hat sich völlig verändert...
Ich glaube nicht, daß ich in diesem Film großartige Dinge ausgedrückt /exprimer/ habe, aber ich habe, glaube ich, die Dinge nicht schlecht eingedrückt /imprimer/. Das ist nicht einfach nur ein Wortspiel; denn im Bereich der Plastik geht der Ausdruck zuerst vom Eindruck aus. So wie man etwas eindrückt, drückt sich man aus. Das hat ein gewisses Echo zur Folge. Sie haben vielleicht das Bedürfnis, sich auszudrücken, wollen das aber nicht, weil Sie in einer anderen Arbeit stecken oder andere Dinge zu tun haben. Sie nehmen alles auf, gleichzeitig bringen Sie viel mit, und alles vermischt sich ... Ich kann wohl sagen, daß ich viel eher wie ein Maler arbeite, aber auch wie ein Händler...Über längere Zeit habe ich weder Spiel /fiction/ noch Film /film/* für den sogenannten traditionellen Verleih gemacht, sondern eher so etwas ,was man gemeinhin Forschung nennt. Im Bereich von Film und Fernsehen gibt es keine Forschungsunternehmen wie in der Autoindustrie oder der pharmazeutischen Industrie. Eine große Produktionsgesellschaft mit einem Umsatz von 10 Milliarden Francs (alte Francs) opfert nicht drei, vier oder zwanzig Prozent ihres Budget für die Forschung. Aber genau das habe ich versucht; denn ich hatte das Bedürfnis danach...

Das Motiv

Dieser Film ist zum Teil auch ein kommerzielles Unternehmen. Ich habe mich mit einem amerika-

---

* Spielfilm, frz. *film de fiction*

nischen Produzenten getroffen und habe ihn gefragt: Welche Finanzierungsmöglichkeiten gibt es, um einen Film in der Größenordnung von 300 Millionen alten Francs zu produzieren, der im nächsten Jahr auf dem Festival von Cannes herauskommen soll? Welche Schauspieler müßte man dazu engagieren? Von da an hieß es: sich eine gewisse Anzahl von Verpflichtungen aufzuerlegen, sich zu fragen, was man alles in dem Film bringen solle, und was man sagen könne. Ich habe den Wunsch, zu erzählen, und gehe immer von mir selbst aus. Die Logik dabei ist, von dem auszugehen, was ich sehe. Wenn ich niemanden

sehe, betrachte ich meine nächste Umgebung und das bin ich selbst. Dann frage ich mich jedoch: ist das eigentlich repräsentativ? Unterscheide ich mich nicht allzu sehr von den anderen? Aber dann sage ich mir ganz naiv: in einem Gebiet wie Frankreich gibt es garantiert an die 200.000 oder 300.000 Personen, die beinahe die gleichen Probleme haben wie ich. Und an die denke ich dabei. Ich habe jedoch nicht die Mittel sie zu erreichen, weil es keine entsprechenden Sende- bzw. Vertriebsmöglichkeiten gibt. Aber auf der Ebene der Produktion mache ich mir genau darüber Gedanken. Als Dutronc mich fragte, was so alles im Film vorkommen würde, mußte ich mir plötzlich etwas ausdenken. So kam ich auf irgendwelche Personen, Leute, ein Motiv. Es war so wie bei Malern, die auf Motivsuche sind und deswegen keine Studien machen können. Sie haben zwar ein vages Sujet, aber noch keine konkreten Vorstellungen. Dieses Motiv muß sich meiner Meinung nach zum Teil in der Produktion selbst erschaffen...Meine Idee bestand in folgendem: eine Person kommt zurück, oder die anderen sagen von ihr, daß sie zurückkommt. Tatsächlich ist diese Rückkehr jedoch ein neuer Start. Das ist ein Problem, das wahrscheinlich viele junge Leute haben. Aber auch weniger junge Leute in Zeiten, wo man sich selbst finden muß, aber gleichzeitig auch noch einen Ort, der einen neuen Start ermöglicht...

Es ging bei diesem Film nicht nur um einen Start und um eine Ankunft, sondern um drei unterschiedliche Rhythmen. So gab es eine hohe Geschwindigkeit, die der Intellektuellen. Die Rolle wird von Nathalie Baye gespielt und bezieht sich ein wenig auf die Überreste der Linksradikalen (man muß das so erklären, obwohl ich nicht sehr begeistert davon bin, weil es ein wenig literarisch klingt). Dann gibt es eine andere Person mit mittlerer Geschwindigkeit, die essen muß um zu leben und leben muß um zu essen. Sie muß kaufen und verkaufen (Definition des Handels, einer Sache von großem Gewicht). Die Figur, in der diese Logik am klarsten zutage tritt, bezeichnen die Leute gewöhnlich als Nutte oder Prostituierte. Verdeutlicht werden soll dies durch übertriebene Großaufnahmen, die jedoch keineswegs übertrieben sind, wenn die Grundzüge und der Entwurf klar und deutlich herauskommen, wenn man das mal so sagen kann. Schließlich gab es noch die Figur des Mannes, der ein wenig mein Ebenbild ist, aber letztenendes doch wieder nicht, weil Dutronc nämlich mehr von sich selbst eingebracht hat, als er dachte. Das war dann auch der Grund, wieso er ziemlich Angst vor dem Film hatte und sich nicht

einmal traute, nach Cannes zu kommen, um ihn
zu verteidigen. Er ist ein etwas unbeweglicher
Typ. In diesem Film werden alle interessanten
Rollen von Frauen gespielt. Sie sind energischer
und vielfältiger...

Die Rhythmuswechsel

Auf der Ebene der Verlangsamung gibt es etwas,
was ich gerade über die Jungen, die Männer
zum Ausdruck gebracht habe. Eine provisori-
sche Lösung, über die ich gerne mit Filmemachern reden würde, und zwar ausgehend von ei-

ner wissenschaftlichen
Erfahrung, einem Labor-
versuch, aber das ist
eine lange Geschichte.
Mich hat schon immer die
Erforschung eines ande-
ren Rhythmus fasziniert.
Ich wollte nämlich heraus-
kriegen, welcher Rhyth-
mus den Film dazu bringt,
das Leben zu repräsentie-
ren, obwohl er ja etwas
künstlich, im Rhythmus von 16 oder 24 Bildern
pro Sekunde läuft. Es gibt dazwischen noch andere Rhythmen, aber er hat sie alle getötet...
Im Stummfilm erkennt man diese Rhythmuswechsel noch, was der Tatsache zu verdanken ist,
daß damals alle großen Schauspieler auch große Regisseure waren, wie Langdon, Chaplin oder Keaton.
Sie haben beim Spielen verschiedene Rhythmen
eingesetzt...
Heutzutage gibt es keine unterschiedlichen
Rhythmen mehr. Man gibt einen Kuß im gleichen
Rhythmus, wie man in ein Auto einsteigt oder
ein Brot kauft. Meiner Meinung nach gibt es un-

begrenzte Welten. Doch der Film verhindert in Anbetracht seines kommerziellen Etats, sich diesen Welten ohne großes Sujet richtig zu nähern. Genau in diesem Punkt besteht die Schwierigkeit und hier liegt auch mein Interesse. In *Tour Détour* habe ich eine zufällige Entdeckung gemacht, der ich nicht weiter nachgegangen bin. Ich wollte vorher noch mit Kollegen darüber reden, um ihre Erfahrungen kennenzulernen. Wir haben mit Verlangsamungen, mit Rhythmuswechseln gearbeitet (was ich eher als Dekompositionen bezeichnen würde), indem wir eine Kombination aus Film- und Fernsehtechniken verwandten. Uns standen bei den Aufnahmen ein kleiner Junge und ein kleines Mädchen zur Verfügung, mit denen wir verschiedene Geschwindigkeitswechsel ausprobierten, zum Teil um die Hälfte schneller oder langsamer, zum Teil mit halbierten Rhythmen mit einer Menge unterschiedlicher Möglichkeiten. Sobald man ein Bild in einer Bewegung stoppt, die aus 25 Bildern besteht (das ist keine ungeheure Sache, das sind fünfmal soviele Bilder wie Finger an Ihrer Hand, also durchaus noch vorstellbar), wird einem klar, daß es in einer gerade gefilmten Einstellung, je nachdem wie man sie stoppt, plötzlich eine Unzahl von Möglichkeiten gibt. Alle möglichen Permutationen zwischen den 25 Bildern repräsentieren eine Unzahl von Möglichkeiten. Daraus habe ich gefolgert, daß es, wenn man z.B. die Bewegungen einer Frau analysiert, im Innern ihrer Bewegung eine Menge kleiner Welten zu entdecken gibt (sogar bei so einfachen Bewegungen wie beim Broteinkaufen).

Bei dem kleinen Jungen hingegen waren die Verlangsamungsstopps weit weniger interessant. Wir machten Stopps, zwischen denen sich alles in allem immer die gleiche Leitlinie wiederfand, während es bei dem kleinen Mädchen schon bei ganz banalen Sachen plötzlich Übergänge von tiefer Angst zu großer Freude innerhalb von Bruchteilen einer Sekunde gab. Das waren wirklich Monster... Als Wissenschaftler hatte ich,in Kenntnis gewisser Theorien, eher den Eindruck, daß es sich hier um Korpuskeln und verschiedene Welten handelte, Galaxien, die sich von Mal zu Mal änderten und deren Übergänge mit einer Serie von Explosionen verbunden waren, während die Bewegung des Jungen zu Anfang eher wellenförmig war. Das war der Grund, warum die Stopps plastisch gesehen nicht so interessant waren.

Optimismus

Die einfache Tatsache, daß ich mittlerweile Filme mache, die nicht gerade gut laufen,mit denen ich aber trotzdem mein Brot verdiene,ist, glaube ich, ein Zeichen von enormem Optimismus. Ich finde es schon erstaunlich,daß ich heute einen bekannten Namen habe, der in den Zeitungen zu lesen ist, so daß sogar Zöllner mich kennen, obwohl sie noch nie einen Film von mir gesehen haben. Ich frage mich immer, wie soetwas möglich ist. Normalerweise müßte man dafür Erfolgsfilme produzieren wie *Krieg der Sterne* oder so etwas ähnliches. So einen Film habe ich nur einmal gemacht, einen einzigen, aber die anderen...Ich hoffe nicht,daß dieser Film ein derartiges Schicksal ereilt,sondern daß er ein mittlerer, normaler Erfolg wird. Man hat den Wunsch nach einem normalen Leben, aber gleichzeitig besitzt man auch ein starkes Ich... Ich bin sehr sportbegeistert. Da es aber sehr schwierig geworden ist, auf normale Weise Sport zu treiben, habe ich es ein wenig drangegeben. Ich erinnere mich, daß ich als Kind schwimmen konnte, Tennis und Fußballspielen, und zwar völlig normal. Ich fände es schön, wenn so etwas im Bereich des Films möglich wäre, aber man wird gezwungen Filme wie *Krieg der Sterne* zu machen. Wenn Sie einen Film wie *Außer Atem* oder *Rette sich wer kann* machen wollen, sind Sie gezwungen, einen Preis in Cannes zu gewinnen; denn ohne diesen Preis kommt er erst gar nicht heraus. Ich bin die goldene Mitte und stehe genau in der Mitte zwischen zwei Extremen, die mich immer angekotzt haben: nämlich der reine Amateur und der reine Profi. Gegen die Profis habe ich immer als Amateur gekämpft und gegen die Amateure als Profi. Und gegen die Franzosen sogar als Schweizer...

Das Wagnis etwas zu zeigen

Wenn man einsam ist,fühlt man sich nicht sicher genug. Manchmal muß man sich seiner Technik sicher genug fühlen,so wie sich ein Maler plötzlich im Vollbesitz seiner Mittel fühlt, wenn er Dinge malt, die er vier Jahre vorher nicht gewagt hätte. Daß Rubens und van Gogh sich plötzlich trauten, Dinge zu malen, die sie vorher nicht gewagt hätten, ist schon ein Problem. Sie haben einen großen Schritt nach vorn gewagt,weil sie sich angespornt fühlten, so wie manchmal ein Sportler einen neuen Weltrecord aufstellt, ohne daß das der Schönheit des Sprungs und der Technik abträglich wäre. Zudem finde ich, daß man die Sache schon genügend schlecht gemacht hat. Auf diesem Gebiet zeichnet sich ein völliger Schwund an Informationsmitteln ab ...

In Bezug auf die Prostitution war ich relativ beruhigt, als ich mir sagte: so falsch kann ich damit nicht liegen. Schließlich konnte man ja sehen, welches Wagnis die Nutten von Grenoble mit ihrer Aussage vor Gericht eingingen, obwohl sie ziemlichen Schiß haben mußten, weil sie dabei ja mehr oder weniger riskierten, hinterher ein paar Messerstiche abzukriegen. Dagegen weiß ich bis heute noch nicht, warum es einem beim Film ans Leder gehen sollte. Beim Film riskiert man nichts. In Anbetracht dessen, was da pas-

siert ist, dachte ich mir, das ist doch eigentlich eine harmlose Sache. Und dann habe ich mir gesagt: obwohl ich nicht weiß, wie man es zeigt, würde ich es gern tun, aber ich kann es nicht besonders gut und bin zu einsam. Das ist wirklich eine Sache, die mich interessiert. Damals, als das Gesetz über die Pornographie erlassen wurde und die Filmemacher es zuließen, daß die Pornographie ins Getto gesperrt wurde, ohne sich da einzumischen, hat der französische Film in Frankreich eine schwere Niederlage hinnehmen müssen. In meinem Film kommen nicht mehr nackte Ärsche vor als Leute, die sich küssen. Ich glaube, ich bin nicht in der Lage, das eine *und* das andere zu filmen. Ich hätte schon Lust gehabt, das eine *und* das andere zu filmen. Die Maler haben manchmal den Mut dazu. Ich jedenfalls weiß nicht so recht wie. Wenn ich bisweilen darauf zurückkomme, die Malerei zu untersuchen, dann nur deshalb, um diesen Schritt zu wagen. Heutzutage besitzt der Film meiner Ansicht nach eine Kraft, die die Malerei nicht hat; denn so ein Bild van Gogh's oder Rubens' hängt im Wohnzimmer irgendeines texanischen Milliardärs. Die Leute besitzen keinen van Gogh oder Rubens. Sie können so ein Bild nicht sehen. Alles, was sie davon mitkriegen sind Reproduktionen, die sie sich kaufen, weil sie bei irgendwelchen Journalisten etwas darüber gelesen haben, aber sie haben das Gemälde nicht unmittelbar vor Augen. Was das angeht, ist der Film schon eine große Sache. Er hat immer darauf geachtet, ganz gleich, was für technische Mittel auch immer eingesetzt werden...

Das Ganze und der Bruch

Im Bereich des Films ist die Schrift heute meiner Meinung nach äußerst schädlich. Sie ist im Gegensatz zum Bild eher beruhigend als verunsichernd. Ein Bild ist weder für noch gegen /contre/ etwas, sondern ein Moment des Begegnens /rencontre/, ein Bahnhof, in dem sich zwei Züge begegnen. Mehr nicht. Und davor hat man Angst; denn es gestattet zu sehen. Ein Kind ist nach der Geburt, wenn es gerade zu sehen beginnt, eigentlich hilflos. Es tastet ein wenig. Doch dann tauchen auf einmal die Worte "Papa", "Mama" und ein gewisser Klang /son/ auf. Wenn man vorhätte, diesen Klang, "Mama", zu untersuchen, so ließe er sich, glaube ich, eher auf dem Wege des Sehens als phonetisch analysieren. Ich habe dem CNRS (Centre National de Recherche Scientifique) ein Filmprojekt vorgeschlagen, um einmal die gesamte Frage des Krebs' unter die Lupe zu nehmen. Es genügt, die Dinge zu sehen...

Man muß die Dinge sehen. Man muß nicht über
das reden, was man gesehen hat, sondern sehen
und am Sehen festhalten. Der Film würde andere, analoge Mittel verwenden, sogar das Elektronen-
mikroskop. Es funktioniert wie ein Computer,
doch auf eine völlig andere Weise: man kann die
Dinge nämlich sehen. Sie haben mir nicht einmal
geantwortet. Es war einfach nicht vorstellbar,
daß ein Regisseur sagte: Ich werde Ihnen das
Problem lösen...Ich werde Sie endlich in der
Frage des Krebses ein wichtiges Stück weiter-
bringen. – Das war schon immer mein Problem...

Da, wo ich mittlerweile
stehe..., betrachte ich
mich wirklich als eine Art
Bruch, der, wenn es an
eine ganze Zahl oder an
eine ganze Aktion geht,
andere Bruchzahlen nö-
tig hat. Das heißt, es geht
darum, bei einer vorgege-
benen Aktion (und sei
es nur beim Kochen ei-
nes Dreiminuteneis), den
richtigen Bruch als Ergänzung zu finden. Manchmal betrachte ich mich auch als Teil eines Schlüs-
sels oder als Teil eines Schlosses. Aber drei Viertel der Leute, ja ich möchte sogar sagen, fast
hundert Prozent der Leute, die ich treffe, halten sich meines Erachtens für Ganzheiten, und
das ist auf den Einfluß der Literatur zurückzu-
führen...Wenn ich mich mit jemandem streite
und ihm wehtun will, ganz gleich, um wen es
dabei auch geht (ob um Dich oder um einen Filmemacher, ob um Sie oder um die Verkäuferin im
Laden um die Ecke, bei der ich die Wurst kaufe), –
wenn ich also heute jemanden wirklich beleidigen

will, dann nicht, indem ich ihm sage: Du Lin-
ker, Du Arschloch! Die einzige Beleidigung, die
wirklich zieht, ist, wenn ich ihm sage: Sie sind
wohl etwas dämlich. Das ist die einzige Sache,
die die Leute noch trifft. Es gibt nicht mehr viele Länder, wo ein Spruch wie: die Arbeit ist
schlecht gemacht, die Leute noch trifft. Sagt man
aber: sie ist schlecht gemacht, weil Sie dämlich
sind, dann besteht vielleicht die Möglichkeit,
noch einmal ein Gespräch über die Arbeit anzufangen. Man hat die Leute nämlich beschimpft,
und zwar mit ihrer Dummheit. Aber niemand
hält sich heute für dämlich, jeder meint, er sei
eine ganze Person, ein Ich. Man betrachtet sich
nicht als unterlegen $(<)$ oder als gleich $(=)$,
sondern als ganze Zahl $(\mathbb{Z})$. Es gibt Momente,
in denen ich, glaube ich, eher neben mir stehe.
Mein Äußeres steht dann auf der einen und mein
Inneres auf der anderen Seite. Und das ist
dann das Äußere, wie die Leute es sehen. Aber
trotz allem gibt es auch dort noch die Grenze,
die Linie... In der Malerei, besonders bei Ingres,
läßt sich die Linie, die Zeichnung sehr schön erkennen. Man sieht, wie sich die Volumina treffen und was diese Begegnung bedeutet. Man erkennt den Code, der diese Begegnung überhaupt
erst zuläßt. Hierin steckt, glaube ich, ein gros-
ses Problem: das Problem des Sinns, der dafür
sorgt, daß die Leute bei der Stange bleiben und
sich nicht weiter darüber aufregen, weil sie
nicht in der Lage sind, sich anders zu denken.
Der eine hält sich für eine total existierende
Ganzheit und der andere meint, er sei eine andere Ganzheit. Das ist einfach zu viel. Dann
gibt es keine Brüche /fractions/ mehr, sondern
nur noch Reibungen /frictions/...

Wir /gemeint sind die Regisseure der Nouvelle
Vague/ sagten damals: Der Typ, auf den es ankommt, ist der Autor. Damit meinten wir jedoch
(also ich auf jeden Fall,die anderen müßte man
fragen), und das wußte ich damals noch nicht:
Der Typ, auf den es ankommt, bin ich. Ich bin
ein Autor. Ich bin wichtig, also gebt acht auf
mich! Es wurde viel über die Produzenten geredet und demgegenüber der Begriff der Regie
/mise en scène/ hervorgehoben, der in den An-
fängen noch nicht existierte. Damit wollten wir

darauf hinweisen,daß es
uns gibt. Es war unse-
re ganz spezielle Art,das
Kino einzuschätzen. Da-
hinter steckte die Ab-
sicht, man solle uns als
gleichwertig anerkennen.
Wir sagten, Hitchcock
müsse über den Titel ge-
stellt werden, der Typ
ist genauso wichtig wie
Chateaubriand, mit dem
Hintergedanken:wenn die Leute schon nicht an ihn
denken,sollen sie es wenigstens hören;denn sie
denken nicht eher daran,bevor man es ihnen nicht
gesagt hat. Doch eigentlich wollten wir damit sagen: Achtung! Ich bin ein genauso wichtiger
Typ wie Chateaubriand, und deshalb habe ich
auch das Recht, Film zu machen...Aber ich glaube, daß es tatsächlich viel mehr ist, es ist vielmehr ein Team..., nämlich die sogenannten Produzenten, über die damals so geschimpft wurde.
Sie hatten die Maschine viel besser zum Laufen
gebracht. Kazan hat eine Menge Filme gemacht,
die ebensogut Filme seines Teams sind. Kazan

war lediglich ein guter Interpret dieses Teams,
so wie Rubinstein oder Haskil bisweilen gute Mo-
zartinterpreten sind. Aber sie waren nichts weiter als Interpreten, brillante Interpreten einer
ungewissen Sache, die eben mehr war als das.
Übrigens waren sie, was die Art und Weise angeht, wie sie ihre Filme machten, wirklich ein
wenig ihr eigener Produzent, nicht einfach nur
in finanzieller Hinsicht, sondern auch in kultu-
reller Hinsicht. Hitchcock hat seine großen Filme genau in der Zeit gemacht, als er so berühmt
und wichtig war, daß er Grace Kelly sogar engagieren konnte, als kein einziges Studio sie haben wollte. Das war Hitchcocks Modell, sein Motiv. Genau das wollte er. Aber das ist fast
schon zu gleichen Anteilen die Arbeit eines Produzenten und eines Regisseurs. In einem solchen Fall herrscht Gleichheit zwischen ihnen.

Film und Malerei

Ich hatte vor, Rhythmen ganz normal zu be-
schleunigen und zu verlangsamen, aber ich wußte nicht, wie man das anstellt. Manchmal dachte
ich es sei machbar. Doch die Verwendung des
Zeitraffers /accéléré/ im Film ist derartig co-
diert, daß er einzig und allein dazu eingesetzt
wird, um in einer ganz bestimmten Art Lachen
zu erzeugen. Der Zuschauer ist, glaube ich,
bis auf wenige Ausnahmen (wenn man beispiels-
weise mit ihm zusammengearbeitet hat) nicht in
der Lage, so etwas in anderer Weise,d.h. nicht
als Zeitraffer zu sehen. Er ist nicht in der Lage, es als etwas sehr Schnelles und vielleicht
als etwas Langsames zu erkennen.Sogar mir,so-
weit ich als bloßer Zuschauer Zeitrafferaufnah-
men sehe, gelingt das nicht. Es ist schwierig,
den Zeitraffer nicht als ein Moment der Be-

schleunigung sondern als ein Moment der Verlangsamung zu betrachten,also als ein Mittel,um z.B. eine sehr schnelle Bewegung, die man mit blossem Auge nicht erkennt, langsam zu sehen,d.h. zu erkennen, daß es Verlangsamungsmomente in extrem schnellen Angelegenheiten gibt. In der Malerei und manchmal auch in der Musik ist das möglich, im Film allerdings noch nicht. Ich glaube..., aber hierin bin ich ziemlich optimistisch, wir haben mit diesem Film nur einen Annäherungsversuch erreicht. Vor allem, weil lediglich herkömmliche Filmtechnik und keine zusätzlichen Videomittel verwendet wurden. Von daher

ist er,was die Geschwindigkeitswechsel angeht, noch ziemlich primitiv, wenn ich das mal so sagen kann...Nun,anfangs dachte ich an Video,aber ich habe es aufgegeben, weil ich mich nicht stark genug fühlte...Aber er ist immer noch ziemlich frontal. Im Bereich der Verlangsamung sind die ersten Erfindungen vom Film gemacht worden. Das Pferd wurde von der Seite gefilmt und nicht von vorne. Doch das Problem, das ich mir bezüglich der Landschaft gestellt habe,war: wie läßt sich eine Landschaft von hinten filmen?Ein Problem, das sich nur Maler und sehr wenige Kunstkritiker vorstellen können. Die einzige Kunstkritik in der Welt, die dazu in der Lage ist, ist ein französisches Produkt: Baudelaire, Malraux. Was den Film angeht, so standen wir mit unserer aktuellen Kunst in dieser Tradition. In anderen Ländern sprechen Hochschullehrer über Kunst, nicht aber Kunstkritiker vom Schlage André Malraux' oder Elie Faure's, wenn er zum Beispiel über das Altern Rembrandt's redet. Zwar haben sie eine ihnen eigene Art der Übertreibung, aber auch ein schöpferisches Gefühl...

Was meinen Film betrifft, so war ich traurig,daß Kirk Douglas in Cannes nicht für ihn gestimmt hat. Aber um mich darüber hinwegzutrösten,habe ich mir gesagt: wie soll denn dieser Schwachkopf, der auf derartig miserable Art van Gogh's Leben dargestellt hat, überhaupt verstehen, worum es da geht. Also kein Grund zur Trauer. Wenn man van Gogh betrachtet oder liest...,wo die Maler ihre Staffelei hingestellt haben, und wann sie das taten...,zu welchem Zeitpunkt sie sich dazu entschlossen, ihre Staffelei an dieser oder jener Stelle aufzubauen, dann wird einem klar, daß es beim Filmen um die gleiche Sache geht, bloß in einer ganz anderen Weise. Die Festlegung des Bildausschnitts /cadre/ ist ein nicht wegzudenkender Bestandteil der Malerei. Alle großen Maler waren Meister im Kadrieren. Sie besaßen hierin so außergewöhnliche Fähigkeiten wie etwa Eisenstein, bloß daß es bei ihm anders aussieht. Heutzutage weiß kaum noch jemand, wie man einen Bildausschnitt festlegt.In drei Viertel der Filme wird er mit dem Kamerafenster verwechselt. Doch Kadrieren bedeutet: Wann beginne ich mit der Einstellung /plan/ und wann schneide ich. Kadrieren ist eine zeitliche Angelegenheit. Auch in der Malerei steckt viel davon, bloß weiß man es nicht.

Brennweite und Geschwindigkeit

Wenn ich eine Brennweite zwischen 30mm und 40mm benutze, dann deshalb, weil sie es ermöglicht, sich den Dingen ein wenig zu nähern und dabei gleichzeitig Schärfe, Tiefenschärfe und Perspektive zu wahren. Benutzt man dagegen ein 50er Objektiv, so erzielt man zu starke Näherungseffekte und zerstört die Perspektive. Es ist ein zu impressionistisches Objektiv. Manet z. B. ist ein Maler, der vom 32er zum 50er übergegangen ist.

Daß wir keinen Zoom benutzt haben, lag daran, daß der Film in der herkömmlichen 35mm Filmtechnik gedreht wurde. Die Zoom-Objektive für dieses Format sind Riesenapparate und viel grösser als die Kameras selbst. Sie verhindern von daher jedes noch verantwortbare Arbeiten. Nicht

nur, daß man sich jeglicher Bewegungsmöglichkeit beraubt, es wird schlichtweg zu schwierig, die Kamera noch irgendwo zu postieren, schon der Gedanke daran bereitet Schwierigkeiten. Das Zoom-Objektiv läßt sich in der 35mm Technik einfach nicht mehr richtig einsetzen.

Bei einer Amateurkamera dagegen ersetzt es andere Objektive, nur aus Gründen der Bequemlichkeit. Es hat den Vorteil, auch wenn man nicht gerade zoomt, auf bequeme Art die Brennweite verändern zu können, ohne groß neue Objektive aufschrauben zu müssen. Diese Verwendungsmöglichkeit hat bei mir ganz allmählich das Interesse für den Zoom geweckt, nachdem ich aufgrund seiner Handhabung im Fernsehen lange Zeit von ihm angewidert war. Dort wird er einzig und allein dazu verwendet, sich einem Objekt zu nähern oder sich von ihm zu entfernen. Wenn sich der Kameramann langweilt, weil er zu weit vom Objekt

60

entfernt ist, zoomt er es heran, und wenn er dann nahe daran ist, fragt er sich warum, und zoomt es wieder weg... Das Problem besteht für ihn nur darin, wie man am besten die Zeit totschlägt... Jemand, der den Zoom sehr geschickt eingesetzt hat und aus Faulheit eine kleine Erfindung für dieses Objektiv gemacht hat, jedoch gleichzeitig in der Tradition der Malerei steht, ist Roberto (Rossellini). Er hat einen Zoom erfunden, den er aus seinem Sessel heraus machen konnte, ohne sich dabei bewegen zu müssen. Dabei hat er zwei Fliegen mit einer Klappe geschlagen. Er war jedoch einer der ersten, der auf den Zoom zurückgegriffen hat und mit ihm sehr malerische Bewegungen gemacht hat, die aus der italienischen Malerei stammen...

Wenn man bei Aufnahmen mit Video den Zoom wie ein Amateur verwendet, kann man damit auch ohne die ganze technische Crew gute Resultate erzielen. Ich glaube, daß mir das etwas gefehlt hat. Bei vielen Bewegungen und besonders bei der Verlangsamungsbewegung, der sogenannten Zeitlupe, die ich lieber Geschwindigkeitswechsel nenne, wäre der Zoom interessant gewesen; denn man hätte den Zoom als Geschwindigkeitswechsel zur Vergrößerung bzw. zur Annäherung an ein Objekt verwenden können, um so von einem Bildausschnitt zum nächsten überzugehen. In diesem Falle wäre der Geschwindigkeitswechsel ein Wechsel des Bildausschnittes gewesen. Der Wechsel von Bildausschnitten in einer bestimmten Geschwindigkeit. Man hätte vielleicht einige Bewegungen bei den Aufnahmen von Dutroncs Tochter, die in Wirklichkeit die Tochter von Alain Tanner ist, mit Travellings kombinieren können. Wenn man sich die Einstellung, in der Isabelle aus ihrem Auto in ein anderes gezerrt und von den beiden Zuhältern verprügelt wird, auf dem

Schneidetisch ansieht, und wenn man sich die
Szene nicht nur aus Montagegründen ansieht,
sondern um Dinge, die sehr schnell ablaufen,
langsam zu betrachten, dann merkt man plötzlich, daß da tatsächlich etwas passiert, was ungeheuer viel mit dem Drehbuch zu tun hat, und
daß dies eher an den Frauen als an den Männern sichtbar wird. Hätte die Möglichkeit bestanden, sich all das vorher anzusehen und unter
Verwendung des Zooms zu wiederholen, so hätte ich gerne zur Verkürzung der Distanz eine
Drehbewegung daraus gemacht. Auf diese Weise
hätte man die richtigen Geschwindigkeiten fin-

den können und wäre
vielleicht dahin gekom-
men auch Landschaften
ohne Personen, nur mit
Formen und Farben zu
verlangsamen bzw. zu
dekomponieren, und
dann wäre plötzlich alles
auf ein Drama hinausge-
laufen. Film, wie ich ihn
zu machen versuche, und
die Techniken, die ich da-
bei begreifen will, sind nicht dazu da, um ir-
gendein Ziel zu erreichen; denn man erreicht es
immer zu spät. Man muß - und das ist viel ehr-
geiziger - von ihnen ausgehen und die Zeit haben, bestimmte Momente des Szenarios zu wiederholen und sich darauf einzustellen...
Manchmal ist der Zoom oder das Travelling...Der
Vorteil beim Zoom besteht darin, jemanden schnell
heranholen zu können und danach die Geschwindigkeit zu verringern. In diesem Augenblick
hast du ein Gefühl, das dir nicht mal die Zeit
läßt auf die Geschwindigkeit zu achten. Es verhält sich damit so wie mit dem, was gestern über

den Zeitraffer gesagt wurde. Der Zeitraffer wird interessant, wenn man mit ihm eine beschleunigte Bewegung verlangsamen kann. Man muß die Beschleunigung verlangsamen... Eine Großaufnahme kann man auf zweierlei Weise machen: Entweder indem man nah ans Objekt herangeht, also halbnah oder ganznah, oder indem man mit einem Teleobjektik aus 100 km Entfernung den Mond filmt... Das plastische oder fotografische Resultat ist unterschiedlich. Man muß sich dann entscheiden. Manchmal ist das Zoomen eine bequeme Methode, vor allem bequemer und einfacher zu denken. Der Zoom wird nur deshalb etwas dämlich eingesetzt, weil ihn die Leute meist aus Trägheit verwenden und nicht, um andere Schwierigkeiten mit ihm zu lösen: es ist nicht so anstrengend...

Manchmal haben die Objektive, wie sie noch von den großen Reportern verwendet werden, auch ihr Gutes. Statt zu zoomen, bevorzugen sie zwei oder drei Kameras mit Objektiven, die sie sehr gut kennen. Sie wissen, wann sie ans Objekt herangehen und wann sie sich entfernen müssen. So etwas gehört schlichtweg zur Arbeit eines Profis... In dieser Hinsicht bin ich eher ein Amateur und benutze folglich die Mittel, die dem Amateur zur Verfügung stehen, nur mit dem Unterschied, daß ich versuche, sie professionel zu gebrauchen. Tatsächlich entdecke ich als Filmemacher in dieser Hinsicht gerade ein paar Dinge wieder, die mir abhanden gekommen waren, weil ich sie nicht beherrschte. Als ich anfing mit der Kamera auf der Schulter Film zu machen, hat man mir gesagt: es wackelt. Dann habe ich mich hingestellt, alles wurde etwas unbeweglich, und man sagte mir: das ist zu statisch... Jedenfalls muß man da wieder hinkommen. Man muß die Küche und die Zutaten kennen. Seit einem Monat stelle ich mir ernsthaft Fragen...Wenn du keine Fragen stellst, machst du es... Aber irgendwann kommst du gezwunge-nermaßen an den Punkt, wo du dir Fragen stel-len mußt und dir sagen: Wozu mache ich eigent-lich einen Panoramaschwenk?

Das ist die Geschichte von Marey, der die Be-wegung eines Pferdes dekomponiert hat. Als man ihm von der Erfindung Lumière's erzählte, sagte er: das ist doch völlig schwachsinnig, warum soll man das, was man mit bloßem Auge schon erkennen kann, noch filmen. Ich sehe nicht ein, welchen Vorteil es bringt, so eine bewegliche

Maschine zu haben... Nun, diese Maschine fehlt wirklich zwischen Lumière und Marey.Und hier gibt es einen Mo-ment, wo man das Bedürf-nis verspürt,wieder an-zuknüpfen. So eine Ein-stellung ermutigt einen dazu, wieder einen Pano-ramaschwenk zu machen. Dann begreift man ein wenig, was darin steckt...

Da ich mein Leben damit verbracht habe,Bilder zu machen, existiere ich wohl eher als eine An-sammlung von Bildern und nicht als ein reales Wesen. Wenn ich gesagt habe, daß Film wichti-ger sei als das Leben, entsprach das in gewis-ser Weise dem, was mir Freunde vorwarfen: Du interessierst dich nicht fürs Essen, nicht für Sport... Darauf habe ich geantwortet: was mich interessiert, ist, das Essen zu filmen, das finde ich wichtig. Und weil es im Leben etwas gibt, was genau dadurch vermittelt wird, bin ich denn auch ein anderer Repräsentant des Lebens.

Eines Lebens, das nicht existiert. Wenn Rimbaud sagt: Das wahre Leben ist anderswo, ist das nicht nur ein Wort. Dieses "anderswo" ist auch das schöne Leben. Film als Bestandteil der Kommunikationsmittel ist somit Bestandteil dieses "auch"...

Die Musik

Neulich habe ich mit großem Interesse einen Brief von van Gogh an seinen Bruder gelesen.., in dem er ihm schrieb, daß er eine Technik gefunden habe, im Wind zu malen: du mußt die Staffelei an große Steinbrocken binden... Er sagte: auf diese Weise kannst du auch im Wind malen. Auch im Film gab es eine ganze Reihe solcher kleinen Sachen, und die Musik kam mit etwas Verspätung hinzu... In *France Tour Détour* habe ich das untersucht, doch dann kam mir allmählich eine Idee: Die Musik begleitet /accompagner/ die Dinge. Man braucht einen Gesellschafter /companie/... Sogar die großen Industriefirmen heißen immer noch "Peugot & Co." Kein Mensch weiß mehr, wer dieser andere Gesellschafter ist, aber man sagt immer noch "TWA & Co."... Die Musik ist also der Gesellschafter... In Bezug auf Frauen spricht man immer noch von Damen aus guter Gesellschaft /dames de bonne companie/... In der Kriegskunst ruft man sogar ganze Kompanien /companie/ zum Appell.Demnach ist der Gesellschafter /companie/ die Begleitung /accompagnement/ von...
Ich habe die Musik immer wie im amerikanischen Film eingesetzt. Max Steiner, Bernhard Hermann und ihre Musiker, die aus dem 19.Jahrhundert stammen, machen symphonische Begleitmusik. Ob sich nun zwei Leute in einer Liebesszene küssen oder die ägyptische Armee durchs

Rote Meer marschiert, oder ob man das Schlacht-
feld von Austerlitz sieht, in jeder Filmszene
hört man Musik... Ich erfahre die Dinge erst,
wenn ich sie sehe...Deshalb sieht man,wenn
die Musik am Anfang spielt... Es ist eine Arie
aus einer alten Oper, die wir so gebracht haben, wie es uns die Sängerin, die wir dafür
engagiert haben, vorgeschlagen hat. Die Arie,
die sie da singt, stammt aus einem Stück, das
von so einer Art Hilfs-Verdi /gemeint ist Pon-
chielli/ komponiert wurde; die gleiche Melodie
wird am Ende vom Orchester wieder aufgegrif-
fen, das Thema wurde jedoch von einem Musi-

ker ein wenig auf mo-
derne Musik umgearbei-
tet, denn ich bevorzu-
ge moderne Musik. Wir
haben am Anfang die
gleiche Musik genommen,
die am Ende zu hören
ist. Das vermittelt ein
ganz anderes Gefühl.Ge-
rade am Ende ist es dem
Musiker, glaube ich, ge-
lungen, fast eine Art
Übereinstimmung herzustellen. Und wenn man
schließlich im Travelling am Orchester vorbei-
fährt, fühlt man sich etwa so, als säße man in
einer Straßenbahn und nähme die Musik,die
draußen wie ein Tramper herumsteht, im Vor-
beifahren mit. Die Musik wird wieder in den
Film einverleibt, sie kann zu etwas anderem
werden... Es gibt da eine Stelle, die ich sehr
gern habe: nämlich dieser Moment, wo zwei
ziemlich unterschiedliche Arten von Musik genau dann das Gleiche spielen, wo wir auf das
kleine Mädchen überschwenken und bei ihm ste-
henbleiben. Von daher müßte die Musik im Film

meiner Meinung nach Bestandteil der Malerei
sein...

Gewöhnlich haben die Filme ein Bild; am Schneidetisch, an den Maschinen des Kinos, wird dann
mit mehreren Tonbändern gearbeitet. Eines ist
dazu da, die Dialoge direkt aufzunehmen. Wenn
die Leute aber nicht sprechen ist auch nichts
auf dem Band. Doch genau dann, am Ende einer
Szene, fragen sich der Regisseur und die Cut-
terin: Sollte man da nicht einen Lückenbüßer
einfügen? Autolärm, wenn die Szene auf der
Straße spielt, oder Kindergeschrei, wenn sie in
einem Entbindungsheim spielt. Nicht, daß sich
die beiden sonderlich für Babys interessieren
würden, sie kaufen lediglich Geräusche ein. Auf
diese Weise bekommt man schließlich eine absolut unglaubliche Anzahl von Tonspuren. Martin
Scorsese sagte mir, daß sein letzter Film in New
York 49 Spuren habe. Die Spuren sind so etwas wie Etappen, und die darauffolgende Ab-
mischung besteht darin, alles richtig abzustim-
men: z.B. den Geräuschpegel einer Menschen-
menge richtig zu dosieren, wenn man ihn nicht
zu laut haben will. Es wird verstärkt und kor-
rigiert.Doch bei diesem Film haben wir versucht,
nur mit einem Band zu arbeiten. Es ist uns
nicht gelungen. Und so haben wir noch ein weiteres hinzugefügt, aber beide waren bis obenhin
vollgestopft. Einmal kam uns der Gedanke, an
der Stelle, wo gerade der Ton einsetzte, Musik
einzufügen. Wir haben dann ganz einfach den
Dialog angehalten, und es stellte sich heraus,
daß in diesem Film der Dialog auch angehalten
werden konnte, ohne daß dadurch eine Lücke
entstand. Ich fand es wichtiger, gerade da Musik einzusetzen. In normalen Filmen, wie ich sie
früher gemacht habe, hätten wir Musik von Max
Steiner oder Antoine Duhamel unterlegt. Die Mu-

sik hätte dann ein Thema gehabt, das genau
den gewünschten Effekt erzeugt hätte...

Es gibt ja schon ein Bild, und dazu kann es
nicht noch 36000 Töne geben. Es gibt dazu nur
einen Ton, und wenn ich zwei davon zusammen-
packte, müßte ich auch das Orchester ins Bild
bringen, und zwar gleichzeitig. Wenn man das
im Nachhinein macht,denkt man eher vertikal
(etwa so wie ein Wolkenkratzer , aber Wolkenkratzer sind meiner Meinung nach bis auf einige Ausnahmen schlechte Wohnsysteme) als horizontal. Beim Mischen hatten wir einen ausge-

zeichneten Toningenieur,
Jean Maumont, der ge-
wöhnlich mit 49 Tonspu-
ren arbeitet. Ich hatte
jedoch nur zwei, und er
war völlig aufgeschmis-
sen, als plötzlich ein
Ton von der Tonspur,
die er in der rechten
Hand hielt, verschwand.
"Ich liebe Sie" war ge-
schnitten worden, und
so hatte er bloß noch "Ich..." . "liebe Sie" wurde durch Musik gesagt. Darauf sagte er dann:
Wo ist bloß dieses "liebe Sie"? Und weil man nur
zwei Hände hat, hätte es bloß noch links sein
können. Aber weil es darum ging, horizontal
zu denken, war er völlig verwirrt,d.h. er sollte nicht wie ein Computer funktionieren, sondern auf das hören, was vor sich ging. Doch
so einfach das auch war, es war zuviel für ihn.
Er war völlig aufgeschmissen...

Marguerite Duras

Mir wurde oft gesagt, daß in der Einstellung
mit dem vorbeifahrenden Lastwagen eine gewisse Agressivität gegenüber Marguerite Duras
oder den Frauen spürbar sei. Dagegen steht
für mich einfach fest,daß es sich dabei um das
Gegenteil handelt. Die Leute hier kennen Marguerite gar nicht und hören nur diesen Satz.
Wie können sie nur darauf kommen,daß man
sich hier über was auch immer lustig machen
will. Ein Lastwagen macht Lärm. Er ist groß
und schwer... Da bin ich aber anderer Ansicht.
.. Er ist mächtig, und man hat etwas Angst
vor ihm. Doch das kommt in einem Kapitel mit
dem Titel "Die Angst" vor, der ja gut, oder wie
gestern jemand sagte, ganz annehmbar formu-
liert ist. Und für mich... Jetzt kann man wohl
keinen Lastwagen mehr sehen ohne sich dabei
vorzustellen, daß Marguerite hinter dem Steuer
sitzt und mit ihm durch die Weltgeschichte fährt,
mit einem Höllenlärm und immer volle Pulle... Ja,
ich würde sie gern einmal hinters Steuer setzen
und filmen...
Okay, wenn Du so willst, ist ein Lastwagen
auch furchterregend, aber das hat doch nichts
damit zu tun, daß man sich lustig machen will.
Zumal in Bezug auf den Film von Marguerite,
die ich sehr mutig finde und die äußerst inter-
essante Sachen macht... Wenn sie zehn Centimes hat, macht sie einen Film für zehn Centimes. Wenn sie eine Million oder eine Milliarde
Centimes hat, oder sogar neue Francs, die sie
zwar nie gehabt hat, macht sie einen Milliarden-
film. Sie ist ein Mensch der Dritten oder Vierten
Welt, und es gibt Augenblicke, in denen sie
sehr stark sein kann..., obwohl sie nie stark
ist. Doch für mich als Filmkritiker war das dar-

über hinaus noch eine Möglichkeit, den Leuten
einen Film von Marguerite in Erinnerung zu ru-
fen, der *Le Camion* / der Lastwagen/ heißt.Ich
wollte darauf hinweisen, daß das ein starker
Film von Madame Duras ist, an den man sich erinnern sollte...Um einen Kollegen zu unterstüt-
zen, der mich auch unterstützt.
Auf dem Festival von Digne hat mir jemand erzählt, daß Duras zwar gekommen sei, um ihre
Filme zu präsentieren, aber nicht persönlich auf-
treten wolle. Doch trotz allem ist sie nach Digne
gekommen...Sie war voll damit zufrieden, bei
Freunden zu sein, und ihre Filme zu begleiten.

Doch die Leute sahen
nicht,was sie dort mach-
te.Zum Schluß meinten
sogar einige Frauen:
Aber warum konnte sie
denn nicht wenigstens
kommen und uns sagen,
daß sie nicht kommen
will?...
Ganz allmählich hatte
sich die Idee herausge-
bildet,daß Dutroncs Be-
ziehungen letztlich gar nicht existieren...Daß das
Sujet ein Stein war,der aufs Wasser geworfen wird
und über die Oberfläche tanzt,daß eine Frau
das Wasser sei und er die Erde. Die Bewegung
war folgende: Er wirft einen Stein, der über
die Wasseroberfläche tanzt und Wellen hervor-
ruft. Das provoziert, und dazu hätte man die
Reaktion von vielen Frauen mischen müssen.
Schließlich verschwindet er wie ein Echo,das
zwischen zwei Bergen verhallt...Für meinen
Film brauche ich Leute, die mir ihre Wahrheiten
sagen, die dabei jedoch völlig für mich in meiner Fiktion bestehen bleiben. Ich verlange von

ihnen, daß ihre Wahrheit meine Fiktion stützt. Andernfalls bricht meine Fiktion zusammen,was dazu führt, daß in meinen Filmen immer sehr flexible Leute mit von der Partie sind, wie z.B. Roger Leenhardt in *Eine verheiratete Frau* oder aber solche Individuen, wie dieser Typ, den wir am Ende von *France Tour* gefilmt haben. Wir hatten da einen Statisten, dem es nicht sehr gut ging. Dann kam jemand herein und hat ein Glas getrunken. Wir haben ihn gefragt,ob wir ihn nicht filmen könnten, er bekäme 2000 Francs. Und dann war er absolut perfekt. Er war so gut, daß wir manchmal sagten: Was hätten wir bloß gemacht, wenn er nicht gekommen wäre.

Mit Marguerite war das auch in etwa so. Wir unterhielten uns, aber sie wollte nicht gezeigt werden. Eigentlich schwebte mir vor, sie in einer Szene zu zeigen, in der Dutronc den Diskussionsleiter in einem Filmclub gespielt hätte und nicht wie später im Film, einen Mitarbeiter beim Fernsehen. Er hätte einen Film von Marguerite Duras und Resnais vorgestellt – ich dachte dabei an *Hiroshima* –, und dann hätte sich wirklich die gleiche Szene abgespielt wie in Digne. Doch Marguerite sagte, sie wolle nicht gesehen werden. Ich fragte sie: Was wäre, wenn ich nur einige Dialoge einbaue, die wir miteinander führen könnten? Wenn man z.B. hören könnte, wie du gerade sagst, daß du nicht gezeigt werden willst, ohne daß man dich sieht? Damit war sie einverstanden. Und sie hatte recht. Ihre Nichtpräsenz hat etwas mit sich gebracht, etwas mehr Präsenz.

Wie ein Maler arbeiten

Ich versuche, wie ein Maler zu arbeiten. Ich er-

innere mich,daß ich vor langer Zeit, als ich
klein war, ein wenig für mich selbst gemalt habe. Ich war kritisch. Ich mußte eine umfassen-
de Bestandsaufnahme machen wie bei einem Panoramaschwenk; eine Bestandsaufnahme der Musik, der Malerei wie auch der Sprache. Aber
das mache ich mit anderen oder alleine,wenn
ich Texte schreibe oder sogar Filme mache.Und
sogar auch dann, wenn ich gar nichts mache;
denn im Leben spricht man ja den ganzen Tag
lang...
Wenn ich früher auf Reisen ging, kaufte ich mir
vorher Geschichtsbücher oder Kriminalromane.

Heute tendiere ich eher
dazu, Bücher über Male-
rei zu kaufen, weil man
dann,selbst wenn man
nur ein kleines Buch hat,
Gemälde auf Reisen be-
trachten kann.Man kann
sie auch viel länger be-
trachten und außerdem
ist es nicht so schwer.
Es liegt auf der Hand,
daß das beim Reisen von
Vorteil ist.
Ich würde gerne im Film Forschungen hinsichtlich der Farbe betreiben.Mittlerweile fange ich
an zu begreifen, was ein caméra-stylo ist. Der
Ausdruck caméra-stylo hatte in der Zeit,als
Astruc ihn benutze, durchaus seine Richtigkeit,
und zwar in Verbindung mit dem, was sich seinerzeit im Film tat. Cocteau war einer der ersten, der so einen Stift (stylo) gebrauchte.
Den caméra-stylo zu gebrauchen heißt: hier ein
Tonband und dort ein Fernsehkino, hier einen
Schneidetisch oder dort eine Nagra heranzuzie-
hen, oder ganz einfach eine Person, die etwas

mehr Spezialkenntnisse in Sachen Technik hat.
So jemand ist mir lieber als die Spezialisten von
heute wie diese Offiziere im Pentagon oder diese Chefkameramänner. Ein Schauspieler, der etwas mehr Spezialkenntnisse besitzt, weil er eher
vor der Kamera als hinter ihr steht...
Ich hatte meine liebe Mühe, Willy und Renato
begreiflich zu machen, daß eine Kamera zwei
Öffnungen hat. Die beiden waren immer im Glauben, die Kamera habe nur ein Fenster und
sonst nichts. Sie haben jedoch nie den Sucher
als Fenster betrachtet. Die Kamera ist ein Ort
mit zwei entgegengesetzten Richtungen /sens*/.
Lumière war auf der Suche nach einer Möglichkeit, Bilder zu projizieren. Als er dann Bilder
projizierte, hatte er vergessen, daß er danach
suchte, wie man projizieren kann. Auf diese
Weise hatte er ersteinmal etwas anderes erfunden. Natürlich, später hat er dann den Projektor erfunden, weil er die Kamera schon hatte.
Aber zu Anfang suchte er, glaube ich, nach einem Projektor.
Ich bin ein Bild. Ich bin der Teil von Euch...
Ich bin der andere. Ich bin das andere Ihr. Ich
bin das andere Ihr, Ich bin der andere Teil von
mir selbst...
Die einzigen Bilder, die man so von Filmemachern zu sehen kriegt, sind Bilder in der Pose
eines römischen Kaisers, der sich jemanden her-
ausgreift und auf ihn zeigt: Hallo, Sie da! Acht-
zig Prozent der Fotos von Regisseuren sehen so
aus. Es ist immer das gleiche: das Foto eines
Mannes (solche Gesten wären bei Frauen völlig
unnatürlich)... Ich betrachte mich immer als einen Jungen, der Filme macht. Aber ich betrachte den Produktionsapparat, den ich tatsächlich

---

* *sens* kann sowohl Richtung als auch Sinn bedeuten

mit Schwierigkeiten selbst aufgebaut habe, eher
als einen Reproduktionsorganismus weiblichen
Typs. In der Art, wie man das Material organisiert, einen Film produziert, die Zeit neu ein-
teilt, herrscht heutzutage eine Art Demokratie,
während es vorher zentralistischer zuging. Nun
bestehe ich aus beidem. Einerseits bin ich die-
jenige, die in die Knie geht und ihren Arsch
hinhält, aber gleichzeitig bin ich auch der andere... Und genau das würde mir gefallen, keine Teilung mehr... Wenigstens sollte man über
den Umweg des Austausches von Dokumenten
mit jemand sprechen können, der... Über sei-

ne Probleme und nicht
unbedingt über die ei-
genen Probleme...

Jean-Luc Godard
Wie kann man sexuelle Beziehungen filmen
Ein Interview mit Libération

Als wir uns das letzte Mal gesehen haben, sagtest du, das Einzige, was du verlangst, sei, daß man dich überleben ließe.
Da muß ich mich schlecht ausgedrückt haben, weil ihr so eine Art Aufschrei der Einsamkeit daraus gemacht habt. Aber das war etwas völlig anderes. Es stimmt, in Amerika wie auch hier hat eine nicht geringe Anzahl von Leuten gemeint, der Film sei ziemlich pessimistisch. Es bestanden Schwierigkeiten bei der Produktion des Films, aber ich hatte keine Angst. Die Filmtechniker dagegen waren ganz schön ängstlich. Ich habe mich, glaube ich, deswegen mit ihnen gestritten. Doch der wahre Streit bestand darin, daß sie mich auf Grund ihrer Angst den Film nicht sehen ließen. Und so fehlen im Film ein oder zwei Szenen. Ich denke da an eine Einstellung am Ende des Films, in der man sieht, wie Isabelle ans Ende ihrer ersten Etappe gelangt. Ich hätte eine Szene, nur eine einzige Einstellung bringen müssen, in der sie frühstückt. Sie ist zu Hause, sie ist zufrieden, bei ihrer Arbeit gibt es für sie keine Probleme mehr mit Zuhältern. Es gibt keine Probleme mehr mit Luden oder irgendwelchen Meistern, die sie anscheißen können. Man hätte sehen müssen, daß sie lacht, oder daß ihr ein Kunde eine lustige Geschichte erzählt. Man hätte wirklich froh darüber sein müssen, sie lachen zu sehen. Man hätte es gut finden müssen, wie schönes Gemüse auf dem Markt. Aber ich habe die Szene nicht gebracht, weil ich sie nicht gesehen habe. Der Toningenieur und der director of pho-

tography haben versucht,mir beim Sehen Hindernisse in den Weg zu legen. Sie wollten dieses Mysterium fortsetzen; denn für sie ist Film ein Mysterium mit Ritualen,während das für mich nun endlich nicht mehr so ist. Ich habe keine Angst mehr.

Sagst du deswegen,daß es dein 2.erster Film ist?
Ja! Du hast das Gefühl, zum zweiten Mal anzufangen. Für Frauen muß das so sein, wenn sie ein 2. Kind 10 Jahre nach ihrem ersten bekommen. Für einen Mann oder eine Frau kann es eine zweite Liebe sein, für einen militanten Lin-

ken eine zweite Revolution. Und gleichzeitig ist es das erste Mal.Das meint Mao mit der Geschichte von der Spirale. Du überfliegst noch einmal das,was du bis dahin gemacht hast, aber es ist eine Spirale: du hast das Gefühl wie beim ersten Mal,weil du die gleichen Sachen wiedererkennst, doch gleichzeitig ist es zum zweiten Mal ein erstes Mal.
Von daher ist *Rette sich wer kann(Das Leben)* genau dieses zweite Mal,aber in keiner Weise vollendet, eher das Gegenteil. Im Vergleich zum ersten Film, bei dem ich unglücklich war oder vorgab, es zu sein (jeder hat so seine Fehler), gab es jetzt eine ganze Reihe von Problemen, die zu lösen waren, aber keine Angst. Und das ist ganz schön viel. Vielleicht ist es genau das, was 68 mir gebracht hat: keine Angst mehr zu haben, wenn man einen Film macht. Darin besteht die Hauptqualität des Films. Aber seine

technischen Fehler hindern einen daran, es zu
sehen.

Technische Fehler?
Manchmal fehlt eine Szene oder eine Szene ist
nicht lang genug. Das führt dazu,daß sich die
Leute wundern. Es läuft zu schnell ab. Ich habe den Eindruck,daß es so ist, als sähe man
die Nerven, aber ohne Haut und Knochen.

Welche Rolle läßt du der Landschaft zukommen?
Genau die der Bewegung, der Anne-Marie Miéville oder ich als Filmemacher gefolgt sind,unge-
achtet persönlicher Beziehungen. Die Bewegung
einer großen Veränderung. Sie kommt genau aus
der Gegend der Schweiz, die das ganze Geld
der Welt auf sich zieht. Das Geld der Polisario-
Bewegung genauso wie das des Iraks und das
der argentinischen Folterknechte. Wieviel Schan-
de und Gemeinheit, wieviel völlig verrückte
Träume werden von diesem Geld transportiert,
das dicht nebeneinander,nicht einmal 3cm von-
einander entfernt, in den Tresoren der Banken
liegt? Es kommt nicht den Schweizern zugute,
für die das Leben genauso schwer ist wie für
alle anderen auch, sondern lediglich 20 Personen. Die Bevölkerung ist damit einverstanden,
auf daß alles so weitergeht in einem kleinen Gebiet, das vielleicht nicht größer als ein Filmstu-
dio ist.
Das schweizer Volk (um es einmal so zu nennen)
verinnerlicht diese Gemeinheit derartig,daß sich
das wieder nach außen kehren muß.Es gibt ja
das Gesetz des Gleichgewichts. Die Landschaft
ist dazu da, diese Gemeinheit zu entschuldigen,
sie wegzuwaschen. Als Tourist sieht man nur
die Schönheit, völlig abstrakt und rein. Und
die guten schweizer Filmemacher wie Tanner

oder Reusser spüren das. Doch weil sie Schweizer sind (während ich als Franko-Schweizer weder das eine noch das andere bin), haben sie eine sehr schuldhafte Beziehung zur Landschaft und filmen sie, um ihre eigenen Schuldgefühle loszuwerden. Dagegen filme ich sie, weil sie schön ist. Das ist wohl eher die Vorderseite der Medaille.

Zeigst du deswegen die Landschaft gerade dann, wenn sich Isabelle Huppert prostituiert?
Wenn man sagt, daß das Geschlecht einer Frau ein Wald ist, dann kann man auch gleichzeitig

einen Wald zeigen. Von daher sind wir drauf gekommen, daß man, weil man noch nicht in der Lage ist, die Leute zu filmen, die Landschaft, die Natur filmen kann.

Man ist nicht in der Lage, die Leute zu filmen?
Sagen wir mal, man ist nicht in der Lage, die sexuellen Beziehungen zu filmen. Dazu braucht man noch einige Zeit: Mein Streben besteht darin, endlich Leute filmen zu können, die sich küssen. Und ich weiß nicht wie. Ich sehe noch nicht ganz, wie sich das hinkriegen läßt. Ich filme lieber Fische, die das Maul öffnen und Futter schlucken. Das ist ehrlicher. Leute, die sich küssen, sieht man in allen Filmen, aber es hat keinen Sinn. Die Filmemacher filmen das, was sie wissen, und nicht das, was sie sehen. Die Hälfte aller Leute schließen die Augen, wenn sie sich küssen oder berühren, drei Viertel löschen das Licht. Aber was kriegst du in den Filmen

zu sehen? Ein bis zwei Sorten von Riesenkau-
gummis, die sich auf einer Matraze herumwäl-
zen. Totale Ohnmacht, absolut. Dabei hat der
Film so etwas Interessantes an sich, was sich
sonst nirgendwoanders wiederfinden läßt: er
erlaubt einem nämlich, nicht zu wissen /savoir/,
aber zu sehen /voir/, um dann im Nachhinein
vielleicht zu wissen.
Ich habe das Gefühl, eine neue Erzählweise zu
entdecken, die stark durch das Visuelle geht.
Das war es, was ich versucht habe, hinzukrie-
gen. Es reicht nicht aus. Was mich verdutzt,und
womit ich nicht richtig klarkomme, ist die Frage, warum gerade die anderen Regisseure Filme machen; denn sobald du dich mit denen über
ein technisches oder ästhetisches Problem unter-
hältst, flattern sie weg wie die Spatzen. Ich habe darüber mit Pialat gesprochen. Er beklagte
sich darüber, daß der Film nicht mehr so wie
zu Kazans oder Nicholas Ray's Zeiten sei, nicht
einmal so wie in der Vorkriegszeit, wo man ständig am Drehen war. Ich habe ihm gesagt: es
hängt jetzt ja nur von dir ab, ob du das machst,
was damals die Hollywoodproduzenten gemacht
haben, nämlich sich zu dritt oder viert zusam-
menzutun,etwas aufzubauen,sich der gegenwär-
tigen technologischen Mittel zu bedienen und
dann einfach anzufangen. Es hängt nur von dir
ab, ob du dich mit Chabrol,Verneuil oder Ri-
vette, mit mir oder ganz gleich mit wem zusam-
mentust. Um heutzutage ein kleines Studio aufzubauen, reichen 500 Millionen alte Francs aus.
Und dann braucht man nur noch den Willen, es
anzufassen, das Material zusammenzusuchen, es
kennenzulernen, Finanzierungsmittel zu finden
und dergleichen mehr. Doch das wollen die Regisseure nicht. Sie verbringen ungeheuer viel
Zeit damit, ihre Sachen anzuleiern, wie man so

sagt. Doch es kotzt sie total an. Dagegen halte ich gerade das für das wahre Szenario. Wenn man sagen kann, ich habe 400 Millionen, dann findet sich die Geschichte ganz von allein.

Und die Schauspieler?
Mit den Schauspielern verhält es sich ebenso. Es müßten sich 5 oder 10 Schauspieler darauf einigen, zusammenzuarbeiten, nicht einmal lange, 2 Jahre vielleicht. Und während dieser 2 Jahre müßte sich Isabelle Huppert damit einverstanden erklären, 2 Filme zu machen - einen mit mir, und wenn sie will, einen mit Cimino -, die

 von der gleichen Gesellschaft produziert werden. Huppert ist wahrscheinlich eine der besten französischen Schauspielerinnen, aber sie dreht 7 Filme pro Jahr. Für *Rette sich wer kann (Das Leben)* haben wir an 9 Tagen, auf 4 Wochen verteilt, gedreht. Zum Glück mit jemandem, der begabt ist. Aber was sie bringt, macht nur ein Zehntel ihrer realen Möglichkeiten aus. Das ist keine Frage des Willens, sondern der physischen Kapazität. Für die Schauspieler ist keine andere Arbeit mehr möglich außer der geistigen Arbeit, die den Versuch darstellt, sich mit den Rollen zu identifizieren. Wenn ein seriöser Schauspieler wie DeNiro einen Film dreht, nimmt er sich 3 1/2 Jahre Zeit, weil er zweimal abnehmen und dreimal wieder zunehmen muß. Wenn er die Rolle eines Boxers spielt, lernt er boxen. Er kann es sich leisten, denn er ist ein großer Star. Es

gibt eine ganze Reihe von Filmen, die man deshalb nicht mehr machen kann, weil die Schauspieler nicht mehr die Möglichkeit dazu haben, die Arbeit kennenzulernen, die man von ihnen erwartet. Folglich wird sogar schon in den Drehbüchern diese Arbeit unterdrückt. Wenn Depardieu die Rolle eines Arztes spielt, heißt das, daß er einige Telefonate führt oder daß er eine Maske aufsetzt und sagt: "Geben Sie mir das Skalpell". Nur beim Krieg zeigt man die Arbeit, die Söldner und ein wenig die Prostitution.

Gerade Isabelle Huppert ist sehr nah an gewisse Prostituierte herangekommen, wie man sie während der Prostituiertenbewegung gesehen hat. Sie ist an keiner Stelle eine Karrikatur und übt das Metier äußerst kühl aus. Ich wage zu behaupten, daß sie sehr modern ist.
Das glaube ich auch ein wenig. Es liegt an den Erfahrungen, die ich als Kunde in Beziehung zu Prostituierten gehabt habe. Ich habe das also gezwungenermaßen nicht erfunden.

Wenn ich etwas kritisieren würde, wäre es in Bezug auf das, was du die drei Geschwindigkeiten nennst. Ich finde, daß die Figur, die von Nathalie Baye dargestellt wird, Denise Rimbaud, sich langsamer bewegt als die anderen, sie bewegt sich beinahe nirgendwohin.
Sie bewegt sich ziemlich langsam. Nach meiner Drehbuchvorstellung hätte sie sich schneller bewegt. In meiner Vorstellung war es das, was von der Linken übrig geblieben ist. Sagen wir mal, je schneller sie in die Pedale tritt, desto langsamer kommt sie voran.

Du sagst, daß du ein Franko-Schweizer bist, weder das eine noch das andere.

Anne-Marie und ich sind Schweizer, die die Schweiz verlassen haben,um nach Paris zu ziehen. Dann haben wir unser Bedürfnis wieder entdeckt, nicht in die Schweiz, sondern in eine besondere Gegend der Schweiz zurückzukehren. Wo es noch leichte Brisen gibt, die von den Bergen des Jura zum See herunterwehen, wo es im Sommer Wasser und im Winter Schnee gibt, und das alles auf 20km².

Aber du bist doch ununterbrochen auf Reisen?
Im Moment ja. Da die Partner, die Freunde oder die Leute, mit denen ich ein wenig über Filme

sprechen kann, schließlich sehr weit entfernt wohnen.Ich habe da in den USA so eine Art Oberdirigenten gefunden, der etwas größenwahnsinnig ist, nämlich Francis Coppola. Und dann habe ich in Mozambique einen Informationsminister gefunden, der auch so eine Art Oberdirigent und auch ein wenig größenwahnsinnig ist. Rolle ist bis auf 20 km - ich habe das nachgerechnet - gleich weit von beiden entfernt. Es sind 12 Flugstunden von einem Ort zum anderen. Anläßlich der Uraufführung von *Rette sich wer kann* habe ich den Amerikanern gesagt,daß ich wahrscheinlich der einzige amerikanische Filmemacher bin, der schon seit längerem im Exil ist, und daß ich deswegen gerne einmal wieder dorthin zurückkommen würde, um einen Film zu machen. Mozambique ist, wie ich es nennen würde, das Rohmaterial. Kalifornien ist das Endprodukt. Wir Europäer liegen dazwischen.

Und der Film erlaubt, das zu zeigen. Man kann es demnach "leben" und damit experimentieren.

Warum sagst du, daß du ein amerikanischer Filmemacher im Exil bist?
Das muß an meiner Neigung zu Amerika oder zum amerikanischen Film liegen. Ich muß so etwas wie ein amerikanischer Filmemacher sein, der seit seiner Geburt im Exil lebt. So einer, der überall ist und gleichzeitig von Amerika redet. Ich habe das Bedürfnis, mich von Amerika zu entfernen und mich wieder zu nähern.

Bist du im Augenblick weit von Amerika entfernt?
Ja, aber gleichzeitig nahe. Das Fehlen der Angst kommt vielleicht daher, daß ich mir sage: du hast die Mittel dazu - ein wenig in physischer und intellektueller Hinsicht wie auch ein wenig in finanzieller Hinsicht -, Geschichten zu erzählen. Du kannst das Vergnügen wiederfinden, das die Filmemacher der Stummfilmzeit daran hatten, Geschichten zu erzählen. Schau dir *Vater für einen Tag* von Harry Langdon an: die Geschichte besteht darin, daß jemand versucht, ein Baby in eine Wiege zu legen, und das dauert Stunden. Ich führe auch gerne als Beispiel das Studio von Chaplin an. In seinen Memoiren erzählt er, daß er sich nach Beendigung eines Films nicht mehr traute, ins Studio zurückzukommen, wo 20 Personen für ihn arbeiteten; denn er hatte nur Schiß davor, daß ihn seine Angestellten fragten: "Hallo Chef, was machen wir denn jetzt?" Eines Tages sollte er einige Papiere unterzeichnen und der Chefschreiner hat ihn dann gefragt: "He, Chef, was soll ich machen?" Da hat ihn die Panik gepackt und er sagte ihm: "Äh, bauen Sie eine Küche!" Der ande-

re hat sich dann an die Arbeit gemacht und das Ganze dauerte drei, vier Monate. Als Chaplin dann zurückkam, um sich alles anzusehen, ist er auf die Idee für die Szene zwischen Küche und Restaurant in *Moderne Zeiten* gekommen.

Doch so etwas wollen die Filmemacher nicht machen. Diese Kunst und die Industrie dieser Kunst entstanden mit der Bewegung der Leute, die vom Lande kamen und sich in den Großstädten anzustauen begannen. Sie wird heutzutage zu 98% von Leuten ausgeübt, die in Großstädten wohnen. Ich bin die einzige Amsel, die

die Amsel und die Menschen verlassen hat.

Die Musik spielt eine wichtige Rolle in diesem Film. Du hast während der Diskussion in Avignon über die Musik wie von einem Gesellschafter /compagnie/ geredet.

35 Jahre lang hatte ich keine Musik gehört. Ich habe andere Sachen gemacht und vergessen, Musik zu hören. In meinen Filmen diente die Musik der Begleitung /accompagnement/. Aber weil man sich andauernd begleiten läßt (sei es von einem Hund oder von einem Leibwächter, sei es, indem man jemandem folgt, was nur eine andere Art ist, sich von jemandem begleiten zu lassen), kommt man gezwungenermaßen dahin, sich zu fragen: warum will ich eigentlich ständig begleitet werden? Und in diesem Sinne konnte ich vom Gesellschafter reden. In *Tour de France* hatte ich das kleine Mädchen auf etwas abstrakte Weise über die

Stimme und die Musik befragt. Ich wollte von ihm wissen, was zuerst da war, die Worte oder die Musik, oder ob das dasselbe sei. Ich habe etwas oberflächlich gefragt, um zu erfahren, was für uns wichtig ist. Die Musik ist die Erzählung /narration/, die Geschichte, der Roman. In diesem Film wird nur ein erster Schritt dorthin gemacht, es ist noch nicht sehr deutlich.

Bist du nach den Dreharbeiten, bei der Montage auf die Verlangsamungen gekommen?
Nein, diese Idee habe ich schon seit langem. Ich glaube, daß die künstliche Geschwindigkeit des Films die Vermutung nahelegt, es sei eine Repräsentation des Lebens. Man kann sie wieder als ein künstliches Moment begreifen und sagen, daß es andere gibt, daß es im Leben eine Menge unterschiedlicher Geschwindigkeiten gibt. Wenn man das Tempo wechselt, kann man wenigstens wieder darüber nachdenken. In diesem Film gibt es immer noch etwas künstliche Momente. Wenn man z.B. die wehenden Haare eines Mädchens sieht, das gerade ein paar Faustschläge abbekommen hat, könnte es sich tatsächlich auch um eine Shampooreklame handeln. Wenn man die großen Meister der Malerei betrachtet, könnte es auch etwas völlig anderes sein. Nimm z.B. die Verlangsamungen, in der sich Dutronc auf Denise stürzt: auf dem Foto von Anne-Marie Miéville erkennt man die Bewegung, die sie im Bildausschnitt eingefangen hat, während die Kameramänner, die derartig vom Starsystem beeinflußt waren, lediglich den Kopf gefilmt haben. Deswegen kannst du selbst auf den Rushes kaum die Bewegung erkennen. Die Kameramänner wissen heute beim Kadrieren nicht, was sie kadrieren. Sie kadrieren die Erzählung /recit/ oder die Erzählfolge. Es ist manchmal schwierig; denn ein

Film muß gleichzeitig alleine und von mehreren
gemacht werden. Es müßten sich mehrere alleine
auf denselben Weg begeben, damit alle gemeinsam zurückkommen, und jeder den Platz ein-
nimmt, wo er am fähigsten ist. Im Augenblick
gibt es das nicht mehr, und es gibt noch nichts
anderes.

(Mitarbeit bei der Übersetzung Fabienne Valrachez)

Interview mit den beiden Kameramännern
William Lubtchansky und Renato Berta
von Micheal Klier

Warum hat Godard zwei Kameramänner genommen?
Lubtchansky: Die Frage haben wir uns auch
schon gestellt. Zu Beginn wollte er sogar drei
nehmen. Wir hatten schon lange vor dem Film
Kontakt zu ihm; da ging es noch um drei Kameramänner. Jeder von ihnen sollte einen Teil
des Films machen. Inzwischen hat sich die Sache
entwickelt und wir haben dann zu zweit den
ganzen Film zusammen gemacht. Wir wollten wissen, warum. Die große Antwort war immer:wenn
ich krank bin, möchte ich gern drei Ärzte haben, weil sich der erste irren kann, der zweite auch. Wenn man drei hat, wird man vielleicht
geheilt. Das ist nicht unbedingt eine gute Lösung, denn auch mit drei Ärzten kann man
krank bleiben oder sogar noch kränker werden.
Aber das ist eine andere Geschichte.Schließlich
wollte er, daß wir mindestens zu zweit sind,
um über das Licht zu sprechen. Das war die
große Theorie am Anfang.
Bisher hatte er immer Schwierigkeiten zu verstehen, wie man Licht macht. Also dachte er, wenn
wir zu zweit wären, könnte man darüber reden
und er würde dann besser verstehen, wie das
gemacht wurde. Das war seine Theorie vor Beginn des Films. In der Praxis haben wir weniger über Licht gesprochen als vorgesehen. Im
allgemeinen hatten wir keine Zeit dafür. In dem
Moment, wo wir sprechen wollten, konnten wir
nicht, weil wir drehen mußten, und vor dem
Drehen sprachen wir auch nicht.

Berta: Auch während des Drehens konnten wir

nicht über das Licht sprechen. Das ist ziemlich tragisch. Wir beide haben manchmal außerhalb der Dreharbeiten darüber gesprochen.Auch wenn Jean-Luc nicht da war, mit den Schauspielern arbeitete oder einen Drehort für den nächsten Tag besichtigte, haben wir über diese oder jene Lösung debattiert. Die praktischen Bedingungen für eine Arbeit, wie er sie wünschte, waren einfach nicht gegeben.

Haben Sie sich die Arbeit systematisch geteilt?
Berta: Nein. Aber es wäre auch falsch, von einer Zusammenarbeit zu sprechen, denn zwischen

uns war mehr eine Art geheimes Einverständnis. Ich zum Beispiel kümmerte mich um den Bildausschnitt,während Willy Licht setzte oder um gekehrt. Oder ich legte den Film ein,während er mit Jean-Luc diskutierte, wohin die Kamera gestellt werden solle.

Lubtchansky: Wir waren schon ein erstaunliches Team: zwei Chefkameramänner - wie man sagt - und ein Assistent, der zudem noch ziemlich unerfahren war. Unsere Aufgabe war es,ihn auszubilden.Wir brachten ihm bei, wie man Film einlegt, aber er, Godard, wollte auch, daß wir mit ihm über das Licht sprechen, denn eines Tages soll dieser Assistent sein Kameramann in der Schweiz werden. Aber all das ist ziemlich schwierig für jemanden, der anfängt. Denn Film einlegen ist schon eine Arbeit. Man kann nicht gleichzeitig das machen und über das Licht reden, das für ihn eine völlig mysteriöse Sache

war. Wir arbeiteten ohnehin mit wenig Licht und
meist mit offener Blende. Licht zu setzen ist eine sehr schwierige und genaue Arbeit. Er wußte nicht, wie man soetwas macht, weil er es noch
nie gemacht hatte. Wir waren schon ein ziemlich
barockes Team. Also teilten wir uns die Arbeit.
Berta machte das Licht und ich die Kamera oder
umgekehrt. Es gab keine Hierarchie im Team.
Was das Licht betraf, hatten wir zwar sehr oft
gegensätzliche Standpunkte, da wir unterschiedlich arbeiten. Ich weiß zwar, wie Berta arbeitet,
und auch er weiß, wie ich arbeite, aber jeder
hat seine Vorlieben. Ich arbeite gern mit Halb-
schatten und sehr kontrastreich. Berta dagegen
gern weich. Und wenn ich einen Scheinwerfer
aufstellte, sagte er manchmal, glaubst du nicht,
es wäre besser einen Tüll davor zu machen, damit das Licht weicher wird. Hier ergaben sich
unsere Probleme. Manchmal machte jeder sein
Licht für die gleiche Einstellung und Jean-Luc
wählte bei der Mustervorführung aus.

*War das seine Absicht, daß jeder abwechselnd
eine Einstellung machte?*
Berta: Nein, nein...

Lubtchansky: Nein, wir haben sehr oft Kompromisse gemacht, Kompromisse, die weder den einen noch den anderen mißfielen. Das Licht für
einen Film kommt ja nicht von selbst. Manchmal
hat man eine Idee, manchmal nicht, das ist nicht
mathematisch zu lösen.

Berta: Es waren immer die praktischen Bedingungen, die das Bild diktierten. Wenn es zum
Beispiel eine Tageslichtstimmung gab, kämpften
wir nicht dagegen an. Im Gegenteil, wir inte-
grierten dieses Licht in den Film.

Lubtchansky: Zu Beginn sagte Godard, wir leuchten nur aus, wenn es unumgänglich ist. Wir leuchteten nicht systematisch aus. Wenn wir ohne Strom drehen konnten, drehten wir ohne Strom. Die Auswahl der Drehorte geschah im Hinblick darauf. Wir kamen nie an einen ganz und gar dunklen Drehort. An den meisten Drehorten konnten wir im Prinzip ohne Licht drehen, wenn das Wetter draußen gut war. Manchmal kam es vor, daß wir nicht drehen konnten.Dann mußten wir Licht hinzunehmen, aber nur, um den Effekt zu verstärken, der am Drehort vorhanden war. Wir haben kein phantastisches Licht

oder dergleichen geschaffen. Das war nicht die Absicht.

Berta: Vor den Dreharbeiten gingen wir mehrere Male zu denselben Drehorten, um zu sehen, was wir machen müßten, welcher Typ Licht notwendig war. Wenn es möglich war,machten wir Probeaufnahmen.Die Einstellungen für den Film wurden dann entsprechend gedreht.Wir tasteten uns vor.Es gab kein geschriebenes Drehbuch.

Hat Godard Ihnen bei der Gestaltung der Bilder viel Spielraum gelassen?
Berta: Machtbeziehungen existieren bei jeder Art Dreharbeiten, auch hier gab es sie.Die Bilder wurden nie nur für uns aufgenommen, was ja oft bei Filmen passiert,wo es einen Chefkameramann gibt, der sich nur damit beschäftigt, die Bilder zu fabrizieren. Das war hier nicht der Fall.

Lubtchansky: Es gab nur einmal eine Situation, in der Godard mit den Schauspielern in der Szene der Druckerei beschäftigt war. Da hatte ich genug und wollte endlich etwas anderes als gewöhnlich machen. Ich beschloß diese Einstellung so auszuleuchten, wie ich normalerweise in einem traditionellen Film ausleuchte. Ich stellte die Scheinwerfer raus vor die Fenster und machte Effekte mit den Jalousien. Er ließ mich machen und war später ganz zufrieden. Jean-Luc wollte niemals, daß wir vor ihm mit dem Gerät ins Dekor gingen. Das machte ihn besonders wütend. Er ertrug es nicht, wenn die Techniker mit ihrem Gerät in ein Dekor eindrangen, bevor man wußte, was da passieren würde.

Worin besteht der Unterschied zwischen der Arbeit mit Godard und mit anderen Regisseuren?
Lubtchansky: Mit Jean-Luc wird man viel mehr gefordert. Er wollte uns nicht nur als Kameramänner oder Techniker betrachten, sondern als Mitwirkende. Er wollte auch, daß wir Dialoge schrieben und viele andere Dinge machten und die ganze Zeit mit ihm zusammen wären. Eines Tages sagte er mir, ich wünschte, deine Frau hätte Tuberkulose, so wärest du verpflichtet, Paris zu verlassen und nach Grenoble zu ziehen, wegen der frischen Luft der Berge.

Wie haben Sie die Einstellungen gemacht, wie hat sich das abgespielt?
Berta: Ich fand, daß das immer sehr kompliziert war, d.h. schon durch unsere physische Gegenwart, gab es derart große psychologische Probleme...

Lubtchansky: Allein der Umstand, daß wir überhaupt da waren, war schon eine grauenhafte Sache für ihn....

Berta: Der erste klassische Satz, den er sagte, während wir die Kamera hinstellten, war, geht zur Seite ...

Lubtchansky: ...oder ins Café. Er ertrug es nicht, uns am Drehort zu sehen.

Berta: Ein Team hat eine gewisse Menge Energie zur Verfügung, um einen Film zu machen. In dem Film, den wir gemacht haben, wurde diese Energie zu sehr in psychologischen Auseinandersetzungen zwischen den Leuten vergeudet.

Lubtchansky: Jedesmal, wenn es große Probleme zwischen dem Team und Godard gab, die Abende mit Krächen endeten, gab es am nächsten Morgen Szenen, die in der Nacht geschrieben waren. Vielleicht war der Umstand, sich anzuschreien, ein Motor für ihn, Sachen zu finden und zu schreiben.

Berta: Im Film kauft man die Beziehungen. Zuerst werden sie per Vertrag erkauft, zweitens durch die Gewerkschaften und schließlich durch die Gagen usw. Hier werden alle Energien kanalisiert, um diese Probleme zu lösen, und oft spricht man überhaupt nicht mehr vom Film, den man zusammen macht. Was mich betrifft, jedenfalls zu wenig. Bei *Rette sich wer kann* war das Gegenteil der Fall. Wenn man von Dingen, die mit dem Film nichts zu tun haben, spricht, findet man sie auf der Leinwand wieder.

Also gut, Sie haben unter diesen Bedingungen

gedreht... Wie lief das dann ab, die Kamera auf den richtigen Platz zu stellen, Bild für Bild zu erarbeiten... haben Sie darüber mit Godard gesprochen?
Lubtchansky: Im Allgemeinen fand kein Gespräch statt. Jean-Luc sagte, wir werden die Kamera hierher stellen, er wird reinkommen, er wird das machen und so weiter. Manchmal schlugen wir etwas anderes vor, aber er war es, der bestimmte.

Berta: Trotzdem gab es einige Vorschläge von unserer Seite, die akzeptiert wurden. Wenn sie nicht akzeptiert wurden,antwortete er mit grosser Arroganz, was weißt du denn, was weißt du denn von dieser Einstellung. Selbst ich weiß noch nicht, wo ich die Kamera hinstellen werde. Ich drehte mich um, sagte Danke, Auf Wiedersehen und ging weg.

Lubtchansky: In diesem Moment ging der andere an die Kamera.

Wurden Varianten von Einstellungen oder Szenen gedreht?
Berta: Was den Bildausschnitt betraf, kaum, eher im Hinblick auf das Licht. Einige Einstellungen haben wir mit kleinen Veränderungen noch einmal gedreht, wo Willy oder ich je eine verschiedene Version drehten. Aber das waren Versionen, die keine große Arbeit bedeuteten, sondern in ein paar Minuten gemacht waren.

Verlangte Godard von Dutronc,Baye,Huppert eine besondere Spielweise?
Lubtchansky: Den Eindruck hatte ich nicht.Ich denke, die Schauspieler wurden auf Grund dessen, was sie sind, ausgewählt. Er verlangte von

ihnen wie immer zu spielen. Er gab ihnen den Text und wollte, daß sie ihn normal sprechen. Wenn er Dutronc genommen hat, dann deshalb, weil er ihn in dieser Rolle sieht und weil sein Text zu Dutronc paßt. Er gibt ihnen einfache Anweisungen und verlangt von den Leuten nicht, daß sie spielen.

Berta: Wenn es Probleme mit den Schauspielern gab, dann nicht mit den großen, sondern mit den kleinen, die für kurze Szenen ausgesucht waren. Die wollten immer was machen, besondere Sachen sagen, aber er ertrug es nicht, wenn

die Leute spielen wollten. Er sagte nur, machen Sie das und das. Das war alles.

Und was hat er von Ihnen verlangt?
Berta: Natürlich, er wollte schon was...

Lubtchansky: Aber er hat uns niemals gefragt, was wir in unserem Handwerk können...

Berta: Die Arbeit an den Bildausschnitten wurde nicht besonders entwickelt im Hinblick auf ihre Eigenständigkeit. Alle Probleme des Bildausschnitts mit den Schauspielern verschob er auf die Montage. Das ist seine famose Idee der 2. Inszenierung. Kadrieren heißt für ihn, das Bildkreuz in der Mitte des Bildes auf die Nase des Schauspielers zu fixieren.

War das die Regel?
Lubtchansky: Gegenwärtig ja...

Berta: Es gibt keine große Referenz an eine ästhetische Ordnung darin,deshalb wiederholte er ständig,wir machen nur Aufzeichnungen.

Wenn eine Szene vorbereitet wurde, kostete es mehr Zeit, die technischen Einrichtungen zu machen oder mit den Schauspielern zu arbeiten?
Berta: Technisch war die Arbeit wirklich auf das extremste Minimum reduziert...

Lubtchansky: Es ging sehr schnell. Da wir sehr wenig Material und Gerät hatten, gab es keine 25 Lösungen. Wir stellten die Kamera auf,setzten eine Lampe oder gar keine. Technisch gesehen ging es sehr schnell.

Also kostete es mehr Zeit mit den Schauspielern zu arbeiten?
Lubtchansky: Was am meisten Zeit kostete, waren die Diskussionen,bevor wir die Kamera aufstellten...

Berta: Es war das in-Gang-Kommen, die Schaffung einer mentalen Infrastruktur, um eine Einstellung überhaupt machen zu können. Wie ich vorhin schon sagte, wurde zuviel Energie auf die Psychologie der Beziehungen verwendet.Wir waren abends nie erschöpft, da wir nur wenige Stunden pro Tag arbeiteten - der Traum der Gewerkschaft...

Lubtchansky: Wir haben Godard lange vor den Dreharbeiten getroffen. Die Vorbereitungszeit war sehr lang, fast einen Monat, glaube ich. Während der Vorbereitung wollte Godard, daß wir beide die ausgewählten Motive besichtigen, um eventuell Fotos zu machen und zu drehen. Wir sollten die Gegenden auf den Probeaufnahmen sehen, bevor wir filmen würden... Wir haben mit einer sehr kleinen 35mm Kamera gedreht, die sich Godard dafür von Beauviala, dem Fabrikanten der Aäton, bauen ließ. Von Zeit zu Zeit nahmen wir diese Kamera und filmten. Godard war sehr zufrieden, auf den Aufnahmen die Drehorte zu sehen, wo wir drehen würden. Tatsächlich haben wir uns nach den ersten Probeaufnahmen überzeugt, daß das Licht bestimmter Drehorte nicht gut war, gemischtes Licht, was Godard nicht gefiel. Also haben wir alle Lampen mit dem gleichen Typ Licht ausgestattet.Das haben wir aber nicht von uns aus gemacht, weil wir glaubten,daß das nicht so wichtig wäre.

*Berta:*Wenn du zu einem Drehort kommst, gibt es immer etwas, das sich inzwischen verändert hat. Es gibt nicht mehr das gleiche Licht wie bei der Besichtigung. Wenn du zwei,dreimal hingehst, paßt du dich dem Dekor an und das finde ich ziemlich wichtig im Hinblick auf das Bild.

Lubtchansky: Man sollte sogar einen ganzen Tag am Drehort bleiben. In dem Moment, wo es ein Fenster am Drehort gibt, mußt du einen ganzen Tag bleiben, um zu sehen wie sich das Licht zwischen morgens und abends verändert. Einmal hatten wir einen Drehort besichtigt,dann dort gedreht und nach dem Drehen kam die Sonne zum Fenster herein. Godard sagte, wenn ihr eure Arbeit korrekt gemacht hättet, wüßtet ihr, daß zu dieser Stunde die Sonne zum Fenster

reinscheint, und es wäre schöner gewesen, es
in diesem Moment zu machen. Allerdings haben
wir oft Motive besichtigt, wenn's behangen war
oder keine Sonne schien. Das sind Sachen, die
wir nicht vorhergesehen haben.

Berta: Oder wir haben überhaupt nicht besichtigt.

Lubtchansky: Wenn man Motive besichtigt,heißt
das nicht, daß man eine viertel Stunde irgendwo bleibt und weiß, zwischen 10 und 11 Uhr
gibt es einen Sonnenstrahl auf der Mauer. Das
muß man leben.

*Als ich den Film sah, hatte ich manchmal den
Eindruck einer gewissen – ich würde mit Vorbe-
halt sagen – Beliebigkeit der Drehorte und der
Kamerapositionen. Ich hatte das Gefühl, Godard
will auf diese Weise den suggestiven Charakter
des Bildes demystifizieren. Was halten Sie davon?*
Lubtchansky: Dieses Gefühl hatte ich überhaupt
nicht. Im Gegenteil, ich hatte das Gefühl, daß
er sich mehr und mehr für das Bild interessiert,
den Ausschnitt und das Licht. Er versucht darin alles zu entfernen, was ornamental und übertrieben sein könnte.

Berta: Godard hat Lust, etwas anderes zu machen als in den Filmen aus der Zeit um 68. Es
ist eine andere Arbeit, die er jetzt liefert, aber
es ist sehr schwer mit ihm darüber zu reden.
Der Film ist der beste Beweis dafür.

Lubtchansky: Ich glaube, das kommt daher,daß
er jetzt viel mehr an den Dingen interessiert ist
und zu verstehen versucht. Er versteht etwas
nicht, bevor es nicht einfach ist. Ich will sagen,

wenn man überallhin Scheinwerfer stellt, versteht er nichts mehr, er weiß nicht was passiert
und das will er nicht. Wenn wir Licht machten,
versuchte er zu begreifen, was wir machten. Auf
einer einfachen Basis kann auch jemand folgen,
der nicht Kameramann ist. Eigentlich möchte er
gleichzeitig Kameramann sein und bis zu einem
gewissen Punkt mit uns zusammenarbeiten.

Wenn Godard bei Rette sich wer kann... *versuchte, die Arbeit zu vereinfachen wie bei seinen Videofilmen, warum wollte er dann überhaupt
wieder mit 35mm Film drehen?*

Berta: Das war das gros-
se Thema während der
Vorbereitung. Drei Tage
vor dem Drehen wußten
wir noch nicht, ob wir in
35mm, 16mm oder Video
drehen würden.

Lubtchansky: Das Team
sollte selbst wählen. Wir
waren 8 Personen und
sollten entscheiden, ob
wir in Video oder 35mm drehen. Die Mehrheit war
für Video.

Berta: Also war er für das Gegenteil.

Lubtchansky: Für 35mm. Parallel zu dieser Wahl
wurden Wetten abgeschlossen. Ich hatte auf Film
gesetzt, wählte jedoch Video. Godard hat dabei
Geld verloren. Er glaubte, die Leute wählen 35mm,
aber die Leute haben Video gewählt. Also drehten
wir in 35mm. Probeaufnahmen hatten wir in 35mm
16mm und Video gemacht.

Berta: Ich glaube, daß er mit der Entscheidung für 35mm sehr zufrieden war.

Sie haben ja mit Godard schon in Video gedreht. Worin besteht der Unterschied zur Arbeit mit Film?
Lubtchansky: Das ist nicht grundsätzlich anders als bei Film, auf der Ebene der Arbeit. Der einzige Unterschied ist, daß man sofort das Bild sieht, wenn man will. Aber um die Aufnahmen zu sehen, muß man Zeit haben und disponibel dafür sein und das war nicht immer der Fall. D.h., wenn irgendwo ein Fehler war, sahen wir ihn erst später. Wir waren selten fähig, weder er noch ich, die kleinen Fehler oder eine falsche Farbe, die uns nicht gefiel, sofort nach dem Drehen zu sehen.
Wenn wir mit Video drehten, waren wir sehr wenige Leute. *Tour de France* drehten wir mit relativ schwerem Gerät, aber wir waren nur zu zweit. Ich war Kameramann und Ingenieur und mußte erst lernen, mit dem elektronischen Gerät umzugehen, denn ich war vollkommener Anfänger. Ich hatte beim Drehen dieselbe Angst wie Godard hinsichtlich der Konzeption des Drehens, der Dialoge oder der Einstellungen. Wir steckten beide in der gleichen Situation. Es begeisterte ihn, daß ich wie er anfing. Video war für mich schrecklich. Godard gefiel diese Situation, daß ich genauso Angst hatte wie er. Das führt immer wieder zu dem selben Problem zurück, dem Problem der Angst, die für ihn fundamental ist. Wenn er spürt, daß das technische Team um ihn herum ruhig ist und keine Sorgen hat, dann funktioniert es nicht. Wenn man seine eignen Probleme hat - und mit Video hatte ich meine Probleme -, ist er begeistert. Die Dreharbeiten zu *Tour de France* sind im Ganzen ge-

sehen besser gelaufen als die von *Rette sich wer kann (Das Leben)*.

Glauben Sie nicht, daß diese Beziehung zur Technik und zu den Technikern tiefes Mißtrauen gegenüber dem System ausdrückt, in dem heute die meisten Filme hergestellt werden?
Lubtchansky: Ich bin davon überzeugt. Als wir anfingen, mit Video zu arbeiten, hatte er das Team schon vollkommen zerschlagen. Normalerweise gibt es bei Video noch mehr Leute drumherum als beim Film, die alles mögliche Technische wissen. Aber wir waren sehr wenige und

wußten kaum etwas über die Technik. Das gefiel ihm und er arbeitete anders mit Video. Wir haben sehr schöne Bilder mit Video gemacht. Manchmal haben wir drei-, viermal die Einstellungen neu gemacht, weil sie noch nicht so waren, wie wir sie haben wollten. Wenn z.B. die Kamera neu eingestellt werden mußte, stellten wir sie ein und am nächsten Morgen machten wir die Einstellung nochmal. Godard hat ständig den Wunsch, etwas zu erreichen, was noch besser ist, sei's bei Video oder bei Film.

Ich komme noch einmal zurück auf die Bilder von Rette sich wer kann (Das Leben). *Wie ich schon sagte, hatte ich den Eindruck einer gewissen Beliebigkeit der Motive und Bildausschnitte oder, anders ausgedrückt, es fehlte ihnen das Offensive seiner früheren Filme...*
Berta: Ich verstehe, was hinter der Frage

100

steckt... es ging bei *Rette sich wer kann* im
wesentlichen um die Aufzeichnung des Bildes.
Ein großer Teil davon sollte im Kopierwerk be-
arbeitet werden, um Zeitlupen zu machen, eventuell sogar den Bildausschnitt zu verändern, was
relativ kostspielig ist. Es ist möglich, daß das
Bild nicht so wesentlich durchdacht wurde wie
die Sprache während des Drehens.

Lubtchansky: Bei diesen Dreharbeiten war es
für Godard unerträglich, daß die Kamera expo-
niert wurde; d.h. die agressive Seite der Kamera und des Teams zu betonen, schien ihm unerträglich. Wenn wir irgendwo aufnahmen, ver-
steckten wir uns die ganze Zeit oder waren so
diskret wie möglich. Hinter der Kamera gab es
nur eine Person, sonst sah man niemand. Wir
schalteten die Kamera ein und gingen weg. Er
ertrug es nicht, daß man an einem Drehort wie
Sieger auftrat oder wie Leute, die Filme machen
und deshalb glauben, alle Rechte zu haben.

Berta: Das ist ziemlich wichtig. Die Arroganz,
mit der man normalerweise beim Film einen Drehort überfällt, ist schon manchmal ziemlich unerträglich. Man kommt an, stellt überall Licht, Mi-
krofone und Stative auf und denkt, der Drehort gehört uns. Godard sagt, gut er gehört uns,
aber er gehört auch den anderen. Also appel-
liert er an eine gewisse Diskretion. Diese Haltung findet man in den Einstellungen von *Rette
sich wer kann* wieder, das ist wahr.

*Godard sagt, drei Viertel des Films entsteht am
Schneidetisch. Was bedeutet das für Sie?*
Berta: Das ist eine psychologische Haltung, die
immer häufiger vorkommt. Bei Godard ist es etwas
anderes, da er ein höheres Niveau hat. Die Leu-

te haben immer die Tendenz, die eigenen Probleme auf später zu verschieben, d.h. wenn man
dem geschriebenen Drehbuch gegenübersteht,
verschiebt man die Probleme auf die Dreharbeiten, wenn man beim Drehen ist, verschiebt man
sie auf die Montage, wenn man bei der Montage
ist, verschiebt man sie... bis dann unglückli-
cherweise der Film da ist. Godard geht von den
Gegebenheiten aus, zeichnet Bilder auf und verschiebt viel auf die Montage. Die Montage schafft
er, weil er da auf sich selbst reduziert ist. Zwar
leidet er darunter, aber er erreicht damit Ergeb-
nisse, die überwältigend sind.

*Weil er das selbst und
allein machen kann?*
Berta: Vor dem Schnei-
detisch ist er ganz al-
lein mit den Bildern kon-
frontiert. Aus den Bil-
dern der Dreharbeiten
muß man einen Film ma-
chen. Deshalb spricht er
von einer 2. Inszenie-
rung.

Lubtchansky: Der Film *Numero deux* ist etwas absolut anderes geworden, als am Anfang vorgesehen war. Der Film wurde auf Video gedreht,
und sollte dann für 35mm umgeschrieben werden.
Aus Kosten- und Zeitgründen ging das nicht.
Also entschloß er sich, das Videobild abzufilmen-
men. Das haben wir zusammen gemacht. Aber da
das abgefilmte Videobild sehr schlecht war, wurden mehrere Fernseher gleichzeitig abgefilmt. Dadurch wurde das Bild etwas besser. Auf diese
Weise wurde der Film völlig neu strukturiert.

Hat Godard auch allein Einstellungen gedreht?

Lubtchansky: Zu Beginn der Dreharbeiten wollte Godard selbst Einstellungen drehen, mit uns
an der Seite. Er fing an Schwenks und ähnliches zu machen, die nicht besonders gut waren.
Doch durch seine Anstrengung wurde er immer
besser. Gegen Ende bediente er gern die Kame-
ma, aber er hatte große Schwierigkeiten mit seinen Augen. So bediente er meist bei Schwenks
die Kamera und fühlte sich wohl dabei.
Andererseits, die Szene, wo man Isabelle Huppert bei der Arbeit sieht, wollte er nicht drehen.
Er bat seinen Assistenten, das zu machen, der
hatte aber keine Lust. Aber auch Godard wollte nicht. Ich glaube, eigentlich zieht er es vor,
nicht drehen zu müssen. Er organisiert lieber.
Er hat etwas von einem amerikanischen Produzenten an sich. Er will die Sachen in der Hand
haben, aber nicht dabei sein, sondern im Schnei-
deraum sitzen.

Berta: Das ist wahr. Er hat etwas von einem
amerikanischen Produzenten, aber er hat auch
etwas von einem Filmkritiker,d.h. er sieht gern
Muster und sagt, das und das gefällt mir nicht.

*Das ist sein eigenes System zu arbeiten, das er
sicherlich braucht.*
Berta: Das ist eine Notwendigkeit, denke ich,
aber es ist auch ein Problem der psychischen
Disposition.

Lubtchansky: Ich habe ihn praktisch niemals so
glücklich gesehen, wie in dem Augenblick, als
ihm eine schwierige Einstellung gelang. Er war
wirklich begeistert.Oft beklagte er sich, ich habe hier nichts zu tun. Es frustriert ihn, nur
Zuschauer zu sein. Die seltenen Male, wo er die
Kamera machte und ihm eine gute Einstellun ge-

lang, war er zufrieden. Deshalb bediente er auch oft den Ton. Auch bei anderen Filmen hat er den Ton gemacht. Dann hatte er wenigstens das Gefühl, etwas zu machen. Natürlich machte er sonst alles, davor und danach.

Lothar Kurzawa
Bilder der dritten Art
zu *Rette sich wer kann (Das Leben)*

Pick-up

Worin besteht die Funktion eines Filmtitels? Godard: er soll dem Film eine Richtung geben.
Rette sich wer kann (Das Leben) steht also
nicht für die Botschaft oder die zentrale Aussage des Films, den Godard zusammen mit Anne-
Marie Miéville produziert hat. Es handelt sich
vielmehr um eine Art Richtungsanzeiger, einen
Vektor, der verschiedene Linien innerhalb und
außerhalb des Films verbindet. Da gibt es die
Verbindungen zu den Figuren, den Bildern und
den Geschwindigkeiten, dann die Hinweise auf
die Produktion des Films, die Arbeit und das
Leben. Der Titel beschreibt keine Zentrallinie,
er ist Linie unter anderen. Man müßte den verschiedenen Linien so folgen, wie Godard es sich
vom Erscheinen der Darsteller in einem Film
wünscht: *"Ich würde gerne einen Film machen,
wo man zunächst mit jemandem loszieht – er könnte in einen Tabakladen gehen. Anstatt am Hauptdarsteller kleben zu bleiben, würde man dann
einem anderen folgen, der gerade Zigaretten
kauft. Mit der Zeit würde man sich wieder treffen...In diesem Film ist es ein bißchen so. Deshalb habe ich ihn* Das Leben *genannt."* * Im Gegensatz zu den minutiösen cut-offs szientisti-
scher Analysen, die den Film in disparate Teil-
stücke zerschneiden, um darin eine latente

---

* Godard in einem Interview mit Catherine David,
  das inzwischen vollständig in *Filmfaust*, Nr. 21,
  Febr./März 81 in anderer Übersetzung erschienen ist.

Struktur auszumachen, hätte man ein Verfahren des pick-up (Deleuze) anzuwenden: man verfolgt eine Linie, geht dann auf eine andere über, greift die erste wieder auf usw. Wichtig bleibt nur, daß man den Film auf ein Außen bezieht, daß man nach Verknüpfungen sucht,die neue Bezüge, neue Bilder entstehen lassen.

Klassische und moderne Repräsentation

Gewöhnlich soll ein Titel das Werk kommentieren, erläutern oder zusammenfassen, auf jeden Fall aber einen Schlüssel zur Interpretation geben.

 Sei es, daß er eine Frage aufwirft, die im Laufe der Geschichte beantwortet wird, sei es, daß er ein Ereignis ankündigt, das sich später erfüllt: er ist Bestandteil eines Rätsels, das seine Entsprechung im hermeneutischen Kode der Geschichte hat. Die Auflösung des Rätsels konstituiert das Werk als Ganzes, als geschlossenes System - vor allem da, wo der Titel als Symbol, Metapher oder Allegorie eingesetzt wird. Im Kern nimmt er bereits die Moral der Geschichte vorweg. Das damit intendierte Verhältnis der Repräsentation zwischen Titel und Werk basiert auf der Vorstellung einer Äquivalenz. Der Titel soll nicht mehr versprechen als das Werk hält, es darf kein überflüssiger Bedeutungsrest entstehen, der nicht durch die Geschichte absorbiert wird.

An die Stelle dieser klassischen Form der Reprä-

sentation ist eine andere getreten. Im Zeitalter
der universellen Austauschbarkeit ist nicht der
Verweis auf den Gebrauchswert des Produkts
(auf die Bedeutungsfunktion des Werkes) ent-
scheidend, sondern die Beziehung auf einen po-
tentiellen Käufer. Der Titel soll sich wie der
Name des Autors ins Gedächtnis eingraben. Er
wird zum Werbeträger, der das Werk repräsentiert, ohne ihm einen Sinn zu geben. War er
im ersten Fall eine Art Prophezeiung oder Sinn-
spruch (der Künstler als Sphinx), so ist er nun
bloßes Warenzeichen (der Künstler als Händler).
Der Titel fungiert nicht länger als Sinnspiegel
der vom Autor hinterlegten Intentionen, er wird
zum Kalkül affektiver Werbestrategien. In beiden Fällen jedoch geht es um Repräsentation
(der Moral und der Ware) und um Äquivalenz
(zwischen Titel und Werk, Titel und Wert).
Mit dem Doppeltitel seines neuen Films *Rette sich
sich wer kann (Das Leben)* wollte Godard beiden Formen der Repräsentation Rechnung tra-
gen: der klassischen (*Das Leben*) und der kommerziellen (*Rette sich wer kann*).

Das dritte Bild

Darüberhinaus jedoch enthält die Konstruktion
des Doppeltitels Spuren einer produktiven Na-
mensgebung. Die Beziehung zu den Rezipienten,
zu den Produzenten und zum Film selbst haben
supplementierenden Charakter. Der Titel fügt
den Bildern andere hinzu, er vervielfältigt und
bereichert. Wenn Godard einen Doppeltitel wählt,
dann um zu zeigen, daß ein Titel nichts End-
gültiges, Identifizierendes haben muß. Als eine
Verknüpfung oder Koppelung heterogener Teile
soll er den Zuschauer einladen, neue Titel zu
erfinden.

"Mit dem Doppeltitel wollte ich gleichzeitig einen besonderen Effekt erzielen, nämlich die Möglichkeit, einen dritten Titel entstehen zu lassen. So kann sich jeder einen Titel montieren, der ihm ganz gut gefällt. Man kann ihn mit ziemlich präzisen, wie auch etwas flexiblen Hinweisen versehen, und vielleicht sogar mit ein wenig widersprüchlichen. In dieser Weise kann man meiner Meinung nach auch den ganzen Film, ja sogar meine Art Filme zu machen verstehen. Film heißt nicht: ein Bild nach dem anderen, sondern ein Bild plus ein Bild, woraus ein drittes Bild entsteht. Dieses dritte Bild wird übrigens

vom Zuschauer in dem Augenblick gebildet, wo er den Film sieht..."
(in diesem Band, S. 42f)
Die Funktion des Titels produktiv zu wenden, heißt, ihn als Bild zu nehmen, das sich den anderen hinzufügt, als Teil des Werkes selbst. So gesehen, hat es nichts Ideologisches, wenn Godard den Titel als "die Heimat des Films" begreift. Heimat nicht nur, weil er Thema und Konflikt der Geschichte andeutet, sondern vor allem, weil er eine Art libidinösen Organisationsplan verkörpert. Wie der Film selbst ist er ein Produkt all der Wünsche und Hoffnungen, die sich die Produzenten während ihrer Arbeit machen, ohne ihnen unbedingt eine sichtbare Markierung zu geben. Umgekehrt wird er selbst unmerklich zum Produktionsmittel, das die Arbeit voranzutreiben hilft. Das ist zweifellos der Grund, warum sich Godard für den Titel Zeit läßt. Weder Appendix noch Aushängeschild ist

er ebenso Bestandteil der Idee wie die Geschichte oder die Aussage des Films. Gerade diese Dop-
pelfunktion als Ideenträger und emotionales Band
machen seine Bedeutung für die Produktion aus.
*"Wir haben einige Zeit gebraucht, um den Titel
zu finden... der Titel ist, glaube ich, etwas
sehr Wichtiges, vielleicht mehr für denjenigen,
der ihn macht, weil er ihm eine Richtung und
einen Hinweis gibt. Einmal hat er damit einen
Titel gefunden, den er mag... schließlich ist
das auch ein Ort, der so etwas wie die Heimat
des Films ist."* (in diesem Band, S. 42f).

Grapheme

Die beiden Titel *Rette sich wer kann* und *Das
Leben* werden im Film selbst als Zwischentitel
eingesetzt und bilden damit den Anfang einer Serie
von Schriftzeichen, die den Fluß der Bilder unterbrechen. In nahezu allen Filmen Godards spielen die
graphischen Ausdruckselemente (Zeitschriften,
Plakate, Leuchtreklame, Graffiti, Flugblätter, Buch-
titel, beschriftete Cartoons, beschriftete Wände,
Briefe, Postkarten, Untertitel, Zwischentitel...)
eine wichtige Rolle. Und das, obwohl er in Gu-
tenberg seinen größten Feind sieht.

Will man dieses Paradox auflösen, hat man die
spezifische Bedeutung der Grapheme zu berück-
sichtigen. Das Schriftzeichen hat zum einen die
Funktion, den repräsentativen Fluß des narrativen Gefüges und damit die Schrift als Buch zu
unterbrechen. Der kontinuierlichen Inszenierung
einer illusorischen Realität setzt Godard eine
diskontinuierliche Abfolge von Bildern, Tönen,
Buchstaben entgegen. Der Film wird nicht länger als Organismus konzipiert, sondern als ein
ausufernder Fluß verschiedenster Ausdrucks-

formen. Daneben hat das Graphem eine wichtige
Bedeutung als Kommentar: es unterbricht den
Verlauf der Bilder, des Sprechens, der Handlungen und gleichzeitig kommentiert es ihn. Auch
wenn Godard in diesem Zusammenhang auf den
Stummfilm verweist, zeichnet sich in seiner Wahl
der Zwischentitel eine Differenz ab. Hier sind
die Schriftzeichen Glieder einer narrativen Verkettung: sie legen die Interpretation der kom-
menden Sequenz fest (wie die Überschriften in
Brechts epischem Theater), sie subsumieren das
komplexe Bild der Ausdrucksfragmente unter die
Instanz einer entgegenkommenden (im Sinne von

Barthes) Bedeutungsein-
heit. Bei Godard dage-
gen hat die wechselsei-
tige Kommentierung der
verschiedenen Ausdrucks-
elemente genau den umge-
kehrten Effekt: sie steht
im Dienste einer Auflö-
sung und Vervielfälti-
gung eindeutiger Bezüge,
einer Demontage festge-
legter Zuordnungen.

Demontage

Vergleicht man die Drehbuchskizzen zu *Rette sich
wer kann (Das Leben)* mit dem Film, so wie er uns
heute vorliegt, hat man den Eindruck, es handele
sich um zwei ganz verschiedene Geschichten. Dort
eine klar aufgebaute Erzählung, hier ein verwir-
rendes Zusammenspiel von Bildern, Worten und
Musik; dort ein Gerüst fest umrissener Figuren,
Orte und Symbole, hier eine Vielzahl von Linien,
die sich erst bei mehrmaligem Sehen zu einem
brüchigen Ganzen zusammenfügen. Die Diskre-
panz zwischen dem ersten Entwurf und dem fer-

tigen Produkt verweist nicht nur auf den Abstand, der zwischen sprachlichen und visuellen Möglichkeiten liegt, es manifestiert sich vielmehr darin eine grundlegende Destruktion der traditionellen (filmischen) Erzählweise. Der Film bietet kein kontinuierliches Band von Ereignissen, er präsentiert keine Helden oder Antihelden mit typischen Handlungsattributen, sondern verschiedene wellenförmig sich überlagernde Geschichten mit wechselnden Hauptfiguren.
Diese Destruktion der klassischen Erzählweise erfolgt bei Godard zum größten Teil am Schneidetisch. Die Montage steht nicht mehr im Dienste eines vorgeschriebenen (metaphorischen) Sinns, sondern einer reflexiven Auseinandersetzung mit dem vorliegenden Bildmaterial.Wie das Sehen dem Sprechen, so sollen die Bilder der Bedeutungskonstitution vorausgehen. Die Montage wird zur Demontage: des Sinns, der Helden, des Imaginären.

Kartographie der Figuren

Die Figuren des Films werden auf unterschiedliche Weise demontiert. Zunächst mittels Bildüberblendungen und Tonüberlagerungen: Ihre Gesichter mischen sich mit denen der Landschaft, ihre Stimmen mit denen der Musik. Sodann durch narrative Überlagerungen: die Handlungen der Hauptfiguren sind mit denen der Statisten, für die Geschichte vollkommen irrelevanter Personen, verknüpft. Scheinbar unmotiviert verweilt die Kamera auf einer Gruppe von Leuten, die sich Klatschgeschichten erzählen oder folgt einem Call-Girl, das die Szene verläßt.Das Banale,Nebensächliche, die kleinen Geschichten am Rande sind ebenso konstitutiv für den Film wie die Entscheidungs- und Beziehungsprobleme

der Hauptakteure. Schließlich durch ihre arti-
fizielle Anordnung: die Bewegungen der Figuren sind nicht dramatisch oder psychologisch le-
gitimiert. Sie verlaufen zwischen einfachen Ko-
ordinaten, der Stadt (Hölle), dem Land (Mitte),
dem Gebirge (Jenseits) und markieren darin jeweils eigene Konstellationen. Es handelt sich also nicht um ein Psycho- oder Mythogramm der
Charaktere, sondern um ein geographisches Ar-
rangement, eine Partitur, eine Karte, die den
Bewegungen der einzelnen Figuren unterschiedliche Richtungen und Geschwindigkeiten vor-
gibt.

Man hat die Handlungen
der drei Hauptakteure
mit Melodielinien ver-
glichen. Jeder Melodie
ist ein spezifischer
Rhythmus, eine Klangfar-
be, eine Intensität zuge-
ordnet, die sich von den
anderen unterscheiden.
Der Film zeigt die Verläu-
fe, Entwicklungen und
Intervalle dieser solitä-
ren Linien. Manchmal kommt es zu oberflächli-
chen Begegnungen, dann wieder zu gewaltsamen
Auseinandersetzungen. Erst allmählich lassen sich
Themen erkennen: das Imaginäre, die Angst, der
Handel.
- Denise ("Das Imaginäre") hat gewählt. Sie hat
sich entschieden, ihre Beziehung zu Paul Godard abzubrechen, ihren Beruf eine Zeitlang
aufzugeben und sich ins Gebirge zurückzuzie-
hen, um dort zu schreiben.
- Paul ("Die Angst") ist unsicher, unentschie-
den. Ein moderner Hamlet, der unfähig ist seinem Wunsch nach Veränderung nachzukommen.

Am Ende bleibt unklar, ob es ihm gelingt der Hölle der Großstadt zu entfliehen.
-Für Isabelle ("Der Handel") existiert das Problem der Wahl nicht: sie agiert. Sie mietet das Appartement, für das sich Paul entscheiden kann, um von dort aus ihrem Handel, der Prostitution, nachzugehen. Sie verkörpert die Mitte, eine flexible Mitte zwischen Stadt und Land, Arbeit und Wohnen, Arbeit und Liebe...

Arbeit und Liebe

Godard (im Interview mit C. David, a.a.O.):
"Isabelle hat eine geschäftliche Beziehung zum Geld. Sie erniedrigt sich nicht mehr als irgendeine Verkäuferin von Staubsaugern...Ich glaube, daß die Prostituierten ein gesünderes Verhältnis zum Geld haben, auch zum Körper und zur Arbeit. Bei den Typen ist es etwas anders. Natürlich gibt es die, die zu Mädchen gehen, weil sie keine anderen haben. Aber dann sind da vor allem die, die einen Tausender bezahlen, um Dinge sagen zu können, die man sonst nicht sagen kann. Im Leben kann man nicht ohne weiteres sagen: zieh dich aus. Die Sprache ist wichtig. In anderen Gesellschaften gibt es vielleicht andere Riten. Aber in unserer Gesellschaft ist die Prostitution der einzige Bereich, wo das Geld nicht nur den Kauf und Verkauf von fabrikmäßig hergestellten Objekten, sondern auch von Subjekten gestattet. Sie ist eine Großaufnahme der Tauschbeziehungen im Allgemeinen. Drei Viertel der Filme werden von Männern gemacht, die die Frauen hassen. Wie übrigens die meisten weißen Männer. Bei mir war das am Anfang sicher auch so. Aber ohne Frauen kann man keinen Film machen, also mußte ich zu ihnen geschäftliche Beziehungen aufnehmen und

dann habe ich mich für sie interessiert.Für mich
ist der Film ein Mittel, um gesündere Beziehungen zu Frauen zu unterhalten. Man geht durch
die gleiche Tür, die gemeinsame Arbeit...
Dennoch konnte ich niemals ohne Liebe arbeiten.
Ich kann keine Nutte spielen,wenn ich es nicht
ein wenig liebe,die Nutte zu spielen.Ich kann
keinen Mörder spielen,wenn ich keine Lust habe zu töten. Was die Frauen angeht,wenn sie
nicht die gleiche Arbeit machen wie ich oder
wenn ich bei ihnen nicht eine entsprechende
Dosis Arbeit verspüre, die dafür sorgt,daß wir
die gleichen Probleme haben,worüber kann man

dann sprechen? Wenn
die Liebesbeziehungen
gut laufen,laufen auch
die Arbeitsbeziehungen.
Anders ist das nicht
möglich. Bei mir war
das immer so.Ich habe
mich von einigen Frau-
en getrennt,weil die Ar-
beit nicht mehr lief. Um-
gekehrt jedoch, wenn
die Liebe ruhiger wird,
nimmt die Arbeit ihre Stelle ein. Drei Viertel
der Typen würden keinen hoch kriegen,wenn
sie nicht in Büros arbeiteten. Es gibt einen
enormen Anteil an Sexualität in der Arbeit.Das
sagt sogar Kissinger.
Das liegt daran,daß es keine Liebe und keine
Arbeit mehr gibt.Es gibt keine Arbeit mehr,weil
sie sich in der Wiederholung aufgelöst hat. Wenn
es keine Arbeit mehr gibt,gibt es auch keine
Wärme.Wenn es keine Wärme mehr gibt,gibt es
auch keine Liebe...Man kann das auch umkeh-
ren, das ergibt dann die umgekehrte Kette:
ohne Wärme keine Energie.Ohne Energie keine

Arbeit...Das hat Ähnlichkeit mit einer Arbeits-
kette in der Fabrik. Der Chef funktioniert wie
ein Vorarbeiter, der jungen Arbeitern Befehle
erteilt. Von Fall zu Fall kommen solche Sachen
auch in der Familie vor. Von dem Augenblick
an, wo jemand, der etwas erfindet,nicht mehr
weiß, warum er es erfindet, wird es zur reinen
Wiederholung seiner selbst und seiner Fähigkeiten. Die einzige Möglichkeit zu überleben, besteht für mich darin, meine Fähigkeiten aufs
Spiel zu setzen."

Wortspiele

Godards Filmtitel haben etwas von Werbeslogans.
Es handelt sich um Redensarten (*A bout de
souffle, Tout va bien,Deux ou trois choses que
je sais d'elle*), Schlagworte (*Made in USA,La
nouveau monde*) oder gar Tautologien (*Une
femme est une femme,Vivre sa vie*). Dann wieder haben sie die Gestalt abstrakter großer Be-
griffe (*La paresse, Le mepris*). Wenn sie dennoch, den Eigennamen gleich, Intensitätsfelder
markieren, so resultiert das aus verfremdenden
Operationen. Zumeist handelt es sich nur um
kleine Verschiebungen: sei es durch die Wahl
einer fremden Sprache, sei es durch das ironische Plagiat, sei es durch ein Zahlwort oder
die Herauslösung der Wendung aus ihrem ge-
wohnten Referenzbereich.

Wie *FranceTourDétourDeuxEnfants* ist auch *Rette sich wer kann (Das Leben)* eine Art Wortspiel.
Spielerisch werden heterogene Bedeutungseinhei-
ten zusammengebracht. *"Man sagt, sie seien
Spielereien, aber Wortspiele sind durchaus
ernst. Sie sind Sprache, und es ist die Liebe,
die uns die Sprache gelehrt hat.Sie legen den*

Finger auf Kurzschlüsse und Störungen. Man bedient sich ihrer, um Krankheiten zu heilen, also sind sie durchaus ernst zu nehmen."(Numero Deux, Dialognummer 65-68).

Das Wortspiel transportiert verschiedene, teilweise widersprüchliche Signifikate und durchkreuzt auf diese Weise - beabsichtigt oder nicht - die von der Macht geforderte Eindeutigkeit oder Widerspruchslosigkeit zur Rede. In der Psychoanalyse fungiert es als Symptom, das dem Analytiker Aufschlüsse über die Art der Verdrängung und Substituierung gewisser Triebregungen des Patienten gibt. Doch nicht nur in der Pathologie, auch in der Literatur, überall da, wo man sich einer intensiven Sprache bedient, kommen Wortspiele zur Geltung. In ihrer paradoxen Pluralität konstituieren sie befremdliche Sinneffekte, die die Sprache und damit "die Liebe, die uns die Sprache gelehrt hat" bereichern.

Befehlsworte

Doch steht die Sprache nicht nur im Dienste der Liebe. Im Gegenteil. Die Klischeehaftigkeit der Bilder hat ihren Ursprung vor allem in der Sprache und im Geschriebenen, wie Godard nicht müde wird zu wiederholen. Das zeigt sich auf verschiedenen Ebenen: Das *Drehbuch* nimmt die Anordnung der Bilder vorweg, es schreibt vor, diktiert, es bedingt eine Art Erpressung zur Sicherheit, wie man sie heute überall beobachten kann. Der *Kommentar* überkodiert die Bilder oder macht sie zu sekundären Illustrationen der

Stimme. Die *Zwischentitel* schließlich werden eingesetzt, um das narrative Konstrukt des Films zu stützen oder aber um Regeln der Interpretation zu sanktionieren. Die meisten Fernsehserien bestehen zu 90% aus *Dialogen* und Großaufnahmen von Gesichtern. Immer noch beziehen die Bilder von der Sprache ihre Direktiven und Interpretation.

In *Rette sich wer kann (Das Leben)* gibt es eine "pornographische Szene", die in zynischer Weise den gewaltsamen Charakter der Wörter gegenüber den Bildern, den Körpern und der Phantasie vorführt. Ein Chef sitzt in seinem Büro und veranlaßt einen Angestellten und zwei Prostituierte, eine Art sexueller Kette zu bilden. Die Wörter haben Befehlscharakter. Isabelle muß die Lippen des Chefs rot anmalen, jene Lippen, aus denen sie ihre Befehle erhält. Gerade das ist es, was Godard an der Prostitution fasziniert: die Sprache. Für Geld wird es dem Klienten möglich, Dinge zu sagen, die er anderswo nicht sagen kann.

Chef:Sind nicht besonders ihre Titten,ne,ne? Sagen Sie es!
Prostituierte: Was?
Chef: Sagen Sie,daß Ihre Titten nicht besonders sind!
Prostituierte: Meine Titten sind nicht besonders
Chef: Lauter!
Prostituierte: Meine Titten sind nicht besonders...

Roland Barthes: "...*die Sprache als Performanz aller Rede ist weder reaktionär noch progressiv; sie ist ganz einfach faschistisch; denn Faschismus heißt nicht am Sagen hindern, es heißt zum Sagen zwingen. Sobald sie hervorgebracht wird, und sei es im tiefsten Innern des Subjekts,tritt*

die Sprache in den Dienst einer Macht. Unwei-
gerlich zeichnen sich in ihr zwei Rubriken ab:
die Autorität der Behauptung und das Herden-
hafte der Wiederholung ... Sobald ich etwas
ausspreche, verbinden sich die Rubriken in mir,
bin ich Herr und Sklave zugleich: ich begnüge
mich nicht damit, zu wiederholen, was gesagt
worden ist, mich bequem in der Knechtschaft
der Zeichen einzurichten: ich sage, ich behaup-
te, ich hämmere ein, was ich wiederhole. "(Le-
çon/Lektion, Frankfurt 1980,S. 19-21).

Die pornographische Phantasie wird vor allem

mit Hilfe von Befehlswor-
ten konstruiert.Daher
könnte man im Grunde
auf die Bilder verzich-
ten, es genügt, sie aus-
zusprechen.Konsequen-
terweise ist während der
gesamten Szene deshalb
nur das Gesicht des
Chefs zu sehen.
Chef: ...gut,das Bild
ist ok,jetzt machen wir
mal den Ton,wenn ich mit meinem Schuh Deine
Brüste berühre,sagst Du aie, und Du lutscht
ihn...mach mal...
Prostituierte: Aie
Angestellter: O
Chef: Du Thierry, wenn sie an Dir saugt,sagst
oh... und Du leckst ihr die Furche,nun los...
Prostituierte: Aie
Angestellter: Oh
Chef: Und Du, wenn er Dich in den Hintern
beißt, machst Du he, wie in der U-Bahn,wenn
ein Typ eine unpassende Geste macht...los,Thier-
ry.

118

Isabelle: He
Chef: Und danach tust Du mir etwas Lippenstift
drauf, nur einmal, und wenn ich Dich anlächle,
küßt Du mich... so dann mal los!
Prostituierte: Aie
Angestellter: Oh
Isabelle: He

Bamberger (in Libération vom 7.Nov.1980) sieht
in dieser Verwendung der vokalen Interjektion
ein Moment der Dekomposition der Sprache. Godard zeichne neue Linien des Ausdrucks jenseits
der repressiven artikulierten Sprache. Uns
scheint jedoch eher, Godard führt auf ironische
Weise ein weiteres Merkmal der Herrschaftsspra-
che vor: die Kontrollfunktion. Der pornographische Vokal als vermeintliches Zeichen der Lust
steht im Dienste der männlichen Potenzangst.
Die Lustschreie der Frau fungieren als eine Art
Kontrollton für den Mann, sie implizieren eine se-
kundäre Bestätigung der Macht.

Das Filmische

Für Roland Barthes äußert sich das "eigentlich
Filmische" nicht im Laufen der Bilder, in den Bewegungen der Kamera oder der Akteure, es
liegt auch nicht - wie häufig angenommen wird -
in der Montage: *"Das Filmische beginnt einfach
da, wo die Sprache und die artikulierte Meta-
sprache aufhören."* (*Filmkritik* Nr. 215,Nov.1974,
S. 524).
Unterhalb der entgegenkommenden Sinnschicht
der Bilder schreibt das Filmische einen zweiten,fragmentarischen Text, der niemals "über
das Fragen hinausgeht." Charakteristisch für
diesen Text ist die Abstumpfung, Umkehrung
tradierter Sinnstrukturen. Barthes bezeichnet

es daher auch als "stumpfen" oder "obtusen"
Sinn, der sich nur durch eine mühsame Konno-
tationspraxis im Innern des Symbolischen ent-
ziffern läßt. Seine Analyse setzt voraus, daß die
Anordnung der Bilder stets mehr zu Unordnung
als zur Ordnung tendiert,bzw. daß da, wo narrative Strukturen vorherrschen, doch immer
wieder einzelne flüchtige Fragmente aufblitzen,
die eine neue Lektüre des Films ermöglichen.
Die Freilegung des stumpfen Sinns kann sich bereits auf der Ebene der einzelnen Bilder,der
Fotogramme vollziehen. In gewisser Weise kommt
das Fotogramm einer Analyse des Filmischen ent-

gegen: es hebt die Ge-
bundenheit der filmi-
schen Zeit auf und gibt
dem Fragment räumliche
Dauer. In seiner *Unter-
suchung einiger Foto-
gramme von S.M. Eisen-
stein* zeigt Barthes ,daß
die Analyse des stumpfen
Sinns stets die Herr-
schaft einer symboli-
schen Bedeutungsschicht
voraussetzt. Der Winkel zweier Augenbrauen,der
Ausdruck eines Mundes, die Weichheit einer
Hand: sie bezeichnen jeweils einen blinden
Fleck in der vom Autor denotierten Bildaus-
sage (Schmerz,Kampf,Faschismus). Der stumpfe
Sinn ist das, was der Denotationsarbeit Eisen-
steins entgeht.

Bei Godard hat die Abstumpfung eine andere
Gestalt. Hier übernimmt die filmische Arbeit
selbst, und zwar beabsichtigt, ihre Funktion.
Von einem stumpfen Sinn läßt sich daher nur
sprechen,wenn man diesen Bgriff auf die Pro-

duktion des Bildes insgesamt ausweitet. Die Unterscheidung von stumpfem und entgegenkommenden Sinn wird hinfällig, da Godard auf die Verwendung quasi-natürlicher Symbole verzichtet. An die Stelle der Symbolik tritt eine stumpfe Kombinatorik, ein multipler Kommentierungs- und Verweisungszusammenhang zwischen den einzelnen Bildschichten. Die von Barthes vorgeschlagene Abstumpfungspraxis wird radikalisiert: zum Programm erhoben.

Ausdruck dieses Programms ist für Godard lange Zeit die Verwendung ruhiger, fast schon monotoner Kameraeinstellungen gewesen. In *Numero deux* verzichtet er weitgehend auf Schwenks, Zoom, Kamerafahrten etc., um dem Auge Gelegenheit für Nachforschungen zu geben, um flüchtige Sinnschichten jenseits der verankerten Rhetorik der Bilder zu studieren. *"Wir stellen irgendwo eine Kamera auf ein Stativ und da bleibt sie dann, unbeweglich, selbst wenn die Einstellung eine Stunde dauert. Und wieder sagen unsere Kritiker: 'Grotesk ist das, lächerlich! Die Kamera bleibt ja während einer ganzen Stunde fix!' Und so haben wir eigentlich immer das Gegenteil von dem gemacht, was die anderen gerade machten, aber nur weil wir das Bedürfnis hatten zu forschen und zu suchen."*

In *Rette sich wer kann (Das Leben)* kommt eine andere Technik zur Geltung, die Verlangsamung des Bilderflusses durch Zeitlupe und Stoptricks. Die willentliche Verlangsamung als ein Mittel im Dienste wissenschaftlich-poetischer Entdeckungen. So zum Studium der Körpersprache: auf dem Gesicht eines jungen Mädchens werden in der Zeitlupe Stimmungen sichtbar gemacht, die

man bei normaler Bildgeschwindigkeit nicht
wahrnimmt. Welche Kräfte setzt ein Körper ein,
wenn er sich gegen einen gewaltsamen Über-
griff schützen will? Wie wird eine Fallbewegung
aufgefangen?...Was bei "normaler" Wahrnehmung
als einfache Bewegung erscheint, erweist sich
hier als ein Prozeß, in dem zahlreiche Linien
zusammenwirken. Das Ganze der Bewegung
stellt sich als brüchige Einheit dar.Bei jedem
Sehen, in jeder Phase der Bewegung treten neue
Linien hinzu...

Ein Bild ist immer mehr als nur ein Bild

Die Dekomposition der
normalen,weil der natür-
lichen Rezeption des Au-
ges entsprechenden,Bild-
laufgeschwindigkeit (50
Bilder/sec.) durch Un-
terdrehung (Zeitlupe bis
zu Stoptrick) und Über-
drehung(Zeitraffer) hat
selbst wiederum kodier-
te Formen angenommen.
Die Zeitlupe wird einge-
setzt zur Auflösung schneller Bewegung beim
Sport und dient dem Thriller als Index der Mus-
kelstärke und der Kraft. Der Zeitraffer dagegen wird verwendet, um Komik zu erzeugen,
wie das Rückwärtslaufen der Bilder soll er Lachen hervorrufen. Durch die Filmindustrie dem
Genre zugeordnet,verliert der Wechsel der Geschwindigkeit etwas von seiner entgrenzenden
Möglichkeit,nämlich Bewegungen sichtbar zu machen, die man mit "bloßem" Auge nicht sieht.

Wenn Godard dennoch Zeitlupen und Stoptricks
verwendet, so liegt dem die Gewißheit zu Grun-

de,daß ein Bild stets mehr ist als nur ein Bild.
Die willentliche Verlangsamung zeigt dieses Mehr
auf der Ebene der Bewegungen. Darüberhinaus
sind es seine Konnotationen, die das Bild mit
anderen, gesellschaftlichen, literarischen,musi-
kalischen Bildern verknüpfen. So sind die Land-
schaftsbilder der Schweiz, wie Godard sagt,mehr
als nur Landschaftsbilder.Man muß nur genau
genug hinsehen und schon treten darin Filmkli-
schees, Postkarten,Touristenströme und Geld-
ströme zum Vorschein.

Abstrakte Geschichte

Man will die Bilder vor dem Zugriff der Sprache
retten, so hat man sie auch theoretisch anders
zu konzipieren, nicht länger als Abbilder oder
Kopien der Realität,sondern als das,was ihr immer schon vorausgeht, ohne ihr Ursprung,Grund
oder Wesen zu sein. In Anlehnung an Bergson
erzählt Deleuze eine "abstrakte Geschichte",die
Godards Bildtheorie weiterentwickeln soll.

*"1) Es gibt Bilder,die Dinge selbst sind Bilder,
weil die Bilder nicht im Kopf,nicht im Gehirn
sind.Im Gegenteil: das Gehirn selbst ist ein Bild
unter anderen. Die Bilder agieren und reagie-
ren unaufhörlich untereinander,produzieren und
konsumieren sich gegenseitig.Es gibt keinerlei
Unterschiede zwischen den* Bildern *, den* Dingen *und der* Bewegung.

2) Aber die Bilder haben auch ein Innen, *oder
gewisse Bilder haben ein Innen und beweisen
sich im Innern. Das sind die Subjekte (vgl. die
Erläuterungen Godards zu* Zwei oder drei Dinge,
die ich von ihr weiß,*dtsch. Bei Hanser:*Godard/
Kritiker,S.178 ff). Es gibt eine Lücke zwischen*

dem,was auf die Bilder einwirkt und dem,was ihre Reaktion darauf ist. Diese Lücke setzt sie instand, andere Bilder speichern, das heißt wahrnehmen zu können. Was sie aber speichern ist nur das, was an den anderen Bildern sie interessiert: wahrnehmen heißt unterschlagen,was am Bild uns nicht interessiert. Die Wahrnehmung ist immer weniger als das äußere Bild. Wir sind von Bildern so übersättigt, daß wir die Bilder draußen nicht mehr für sich selber sehen können.

3) Andererseits gibt es tönende Bilder, die keinerlei Privileg zu geniessen scheinen. Diese Bilder, oder gewisse unter ihnen, haben indes  eine Kehrseite, die man nennen kann wie es einem beliebt: Ideen,Sinn, Sprache,Ausdruck etc. Diese Kehrseite macht daß die tönenden Bilder die anderen Bilder oder eine Serie von anderen Bildern verzerren oder auslöschen. Eine Stimme ergreift die Macht über einen Komplex von Bildern (die Stimme von Hitler).

Die Ideen, die wie Parolen agieren,nisten sich ein in die tönenden Bilder oder in die tönenden Wellen und sagen uns,was uns in den anderen Bildern zu interessieren hat: sie diktieren unsere Wahrnehmung. Ein "Faustschlag" ist allzeit zur Stelle, um die Bilder gewöhnlich zu machen, um zu unterschlagen, was wir nicht wahrnehmen sollen. So zeichnen sich,Dank der vorigen Lücke, zwei Ströme ab,die in entgegengesetzter Richtung verlaufen: einer, der von den äußeren Bil-

*dern zur Wahrnehmung geht, ein anderer, der von
den herrschenden Ideen zur Wahrnehmung geht.*

*4) Wir sind also gefangen in einer Kette von Bil-
dern, jeder für sich, jeder selbst ein Bild, aber
zugleich verstrickt in Ideen, die wie Parolen agieren. Folglich geht Godards Aktion der "Bilder
und Töne" zugleich in zwei Richtungen. Einerseits heißt es, den äußeren Bildern ihre Fülle
zurückgeben; die Wahrnehmung dem Bild eben-
bürtig machen; den Bildern alles zurückgeben,
was sie selber verkörpern. Was bereits kämpfen
heißt gegen die Faustschläge dieser oder jener
Macht. Andererseits: die Sprache als Mittel der
Machtergreifung auseinandernehmen; sie stottern
machen in den tönenden Bildern; aus der Gesamt-
heit von Ideen, die vorgeben, "richtige" Ideen zu
sein, "eben nur" Ideen herauszuziehen. Zwei
Gründe unter anderen, die möglicherweise Godard
einen so neuen Gebrauch der festen Einstellung
nahegelegt haben.
Es spielt sich ein bißchen dasselbe ab bei gewissen zeitgenössischen Musikern: sie schaffen sich
einen Fixpunkt, von dem aus alles in der Musik
zu hören ist. Und wenn Godard aus der Leinwand eine Wandtafel macht, worauf er schreibt, so
macht er daraus nicht einen zu filmenden Gegen-
stand: Wandtafel und Schrift werden zu neuen
Mitteln des Fernsehens, zu eigenständigen Ausdrucksformen, die gleichberechtigt neben anderen
Ausdrucksformen auf der Leinwand ihren Platz
haben."* (Veränderung, was ist das?, Filmkritik,
Nr. 242, Febr. 1977, S. 84/85)

Das Leben

Während der erste Titel zu den Problemen der
Erzählweise, der Figuren, der Sprache und der

Bilder überleitet, verweist der zweite zunächst auf das Problem der Arbeit.Das Leben erscheint als eine Art Widerstand gegen das tödliche Gleich- maß einer auf Wiederholung reduzierten Arbeit, klischeehafter Kommunikation,eingefrorener Ge- sten (in der Liebe).

Denise: "Im Körper und im Kopf stemmt sich et- was gegen Wiederholung und das Nichts,das Le- ben,eine etwas schnellere Geste, ein Arm, der zur Unzeit herabfällt, ein etwas langsamerer Schritt...ein Hauch von Unregelmäßigkeit... ei- ne falsche Bewegung.

Alles das,was in diesem lächerlichen Quadrat des Widerstandes gegen die leere Ewigkeit des Arbeits- platzes noch etwas ge- schehen läßt..."
"Diese Grimasse...dieses Aushaken,das Leben ist es,was sich anklammert... alles,was in jedem Men- schen am Fließband un- hörbar schreit:ich bin keine Maschine."

Auch für den Filmemacher stellt sich die Frage nach einer anderen,der "leeren Ewigkeit" ent- gehenden,Organisation der Arbeit und des Le- bens. Godard scheint darauf eine Antwort ge- funden zu haben, zumindest für sich,für seine Art, Filme zu machen und zu leben.

Ein Labor des Lebens

Godard (im Interview mit C.David,a.a.O.): *"Filme- machen ist etwas einfacher als das Leben.Es er-*

setzt das Leben besser als irgendetwas anderes.
Man müßte eher den Film leben, als aus seinem
Leben einen Film zu machen. Meine Freunde sagen manchmal, trotzdem, der Film ist nicht das
Leben...Aber er kann es in bestimmten Momen-
ten ersetzen. Wie ein Foto oder eine Erinnerung.
Übrigens mache ich keinen so großen Unterschied zwischen dem Film und dem Leben. Ich
würde sogar sagen, daß die Filme mir helfen, zu
leben. Was das angeht, glaube ich, daß es nur wenige Filmemacher gibt, die Filme als Heilmittel
oder Elixiere machen. Aber die Zuschauer gebrauchen sie dennoch in dieser Weise. Man neigt
dazu, ihnen Mittelchen gegen das Böse an die
Hand zu geben, da es kein System gibt, daß ein
wenig Gerechtigkeit wiederherstellt. Der Film könnte das. Ein wenig...

Rette sich wer kann (Das Leben) heißt auch,
mit dem Leben davonkommen (avoir la vie sauve),
so gut man kann. Für einen Typen ist das
schwieriger als für die Frauen. Ich habe lange
Zeit gedacht, daß der Film ein Ort ist, wo man die
Dinge leichter als anderswo verändern kann. Man
kann den Platz der Möbel in einem Haus verändern oder sogar das ganze Haus anders wieder-
aufbauen. Man hat mit einer kleineren Anzahl von
Leuten zu tun. Es sind nie mehr als hundert in
einem Film. Der Film ist ein Labor des Lebens.
Da gibt es alles: die Produktionsverhältnisse,
Haß, Liebe, Beziehungen zwischen Eltern und
Kindern, Arbeitern und Chef und darüberhinaus
geht es dabei um die Herstellung einer künstle-
rischen Ware. Es ist ein Paradies für Leute, die
das Leben studieren, indem sie es leben. Mein Interesse geht dahin, die Augenblicke der Liebe
zu vergrößern und bessere Rhythmen zu finden. Vielleicht bin ich dafür schon ein bißchen
alt... Es gibt viele bequeme Bilder: man trennt

*Arbeit und Liebe, Haus und Fabrik,Ferien und
Freizeit. Als ob man von starken und schwachen
Takten ein und derselben Melodie sprechen könnte.
Was die Leute niemals filmen, was aber trotzdem
wahr ist, ist ihr Bedürfnis,Filme zu machen.Ich
weiß nicht,warum die Leute Filme machen.Viel-
leicht um ihren Lebensunterhalt zu verdienen.
Aber dann frage ich mich, warum diese Kunst-
form und keine andere? Für mich habe ich eine
Erklärung gefunden: ich mache Filme,um Bilder
von mir zu zeigen. Manchmal gibt es jemanden,
der stehenbleibt, weil er sich für mich inter-*

*essiert. Weil er sein Le-
ben,ein Bild von sich
darin sieht. Ein Bild,
das ein anderer ihm
zeigt.Also bleibt er ste-
hen und hat die Güte,ei-
nige Sekunden hinzuse-
hen. Was man hat,hat
man.
Als man mich vor zwan-
zig Jahren fragte:"Warum
machen Sie Filme?" konn-*

*te ich nichts dazu sagen. Jetzt kann ich es ein
bißchen erklären. "*

Bio-Macht

Der Begriff des Lebens im Titel eines Films mag
zu allerlei Spekulationen Anlaß geben.Man könnte es à la Visconti interpretieren: sinnlich,lust-
voll und dabei doch von der Krankheit gezeich-
net, reich ausgestattet, im Grunde aber ent-
fremdet und entleert,als Tragödie einer wider-
sprüchlich gewordenen Leidenschaft. Man könnte das Leben aber auch im Sinne einer ursprüng-

lichen, alles erneuernden Kraft deuten, einer
Kraft, die sich gegenüber den Anfechtungen der
Gesellschaft und des Todes stets siegreich be-
hauptet, als eine Mischung aus Jugendbewegung
und Lebensphilosophie.
Solche Spekulationen sind nicht nur deshalb un-
befriedigend, weil sie den Film mit klischeehaften
Bildern beladen, sondern vor allem, weil sie ihn
interpretieren, weil sie ihn zum Ausgangspunkt
einer reduktiven Bedeutungsarbeit machen. Auch
noch um Interpretation handelt es sich, weist man
auf die Verschränkung von Leben und Macht in
Foucault's Genealogie. Allerdings um eine spezifische Interpretation, denn mit Hilfe der Genealogie wird es möglich, die *Frage* nach dem Leben
selbst als historisches und politisches Ereignis
zu begreifen.

Foucault untersucht, wie sich das Problem des Lebens seit dem 17. Jahrhundert allmählich in die
Diskurse der Humanwissenschaften und der Geschichte einschleicht und mit der Macht verbindet. Die Entwicklung der Bio-Macht steht in
Verbindung mit der ökonomischen Entwicklung
des Kapitalismus. Als produktive Macht muß das
Leben erhalten, gesichert, gesteigert und vervielfältigt werden. Der Tod stellt nur noch eine un-
bedeutende Kehrseite, eine äußerste, im Verbor-
genen angesiedelte Grenze dar. Er wird naturali-
siert und steht von nun an im Dienste des Lebens. Neben den Institutionen und Diskursen entsteht eine Vielzahl von Praktiken und Techniken,
die für eine Neuformierung des Gesellschafts-
körpers, des Lebens und der Arbeit sorgen.
*"Die Abstimmung der Menschenakkumulation mit
der Kapitalakkumulation, die Anpassung des Be-
völkerungswachstums an die Expansion der Pro-
duktivkräfte und die Verteilung des Profits wur-*

den auch durch die Ausübung der Bio-Macht in ihren vielfältigen Formen und Verfahren ermöglicht." (M. Foucault, *Der Wille zum Wissen*, Ffm. 1977, S. 168). Wenn alle Probleme des modernen Machtdispositivs (Körper, Arbeit, Sex, Normalisierung...) derart mit dem Leben verknüpft sind: läßt sich angesichts dieser universellen Diskursivierung noch eine Problematisierung des Lebensbegriffs vorstellen, die nicht bereits durch die Strategien der Bio-Macht angeeignet wären?

Todesbilder

Es gibt eine verbreitete Vorstellung, wonach im Augenblick des Todes noch einmal alle Stationen des Lebens wie Bilder vor dem inneren Auge vorbeidefilieren. Die Vorstellung gehört zu jenen imaginären Versuchen, der Angst vor der Leere des Todes zu entkommen. Man inszeniert den Augenblick des Todes als eine Art Generalabrechnung, der den Reichtum des Lebens sinnvoll unter Beweis stellen soll. Das Leben gilt als Kapitalstock, der sich in immer wieder neuen Bildern investiert. Am jüngsten Tage sind die Dreharbeiten beendet und der Film hat Premiere. Der Sterbende ist dabei zugleich Zuschauer, Kritiker und Akteur.

Es hat nichts Überraschendes, wenn diese Vorstellung vielen Filmen als Vorlage für Drehbücher oder zur Bebilderung des Todes dient. Man zeigt den Helden, der bereits auf dem Totenbett liegt und mit dem Zuschauer noch einmal zurückschaut. Am Ende der Geschichte stirbt er dann, wobei der Tod als dramatische Auflösung und von daher notwendig erscheint, oder aber er stirbt nicht und der Zuschauer erlebt eine Art Wiedergeburt.

Wenn Godard am Ende des Films seinen Helden Godard sagen läßt:*"Ich sterbe nicht,denn ich sehe nicht mein ganzes Leben vor meinen Augen vorüberziehen",*so nimmt er damit nicht nur ironisch Bezug auf den Tod seines ersten Filmhelden (Belmondo in *Außer Atem*) - ein Tod,der selbst schon wieder die parodistische Darstellung des Todes eines Filmgenres dokumentieren sollte (Belmondo,der kleine Ganove,schließt sich selbst die Augen) - er greift damit zugleich jene mythische Bebilderung auf,die das Leben zur Mystifizierung des Todes einsetzt. Godard sagt: *"Ich rede ein bißchen dumm daher..."* Der Tod hat keine Bilder und keine Sprache, daher seine ironische Darstellung.

Der Unfall

Der Unfall Paul Godards am Ende des Films hat keine dramatische Bedeutung, er ist nicht durch die Geschichte vorbereitet, noch rundet er das Ende der Geschichte ab. (Jean-Luc) Godard sagt, es war nur ein einfacher Trick, um den Zuschauern zu zeigen, daß der Film zu Ende ist.Im Grunde hätte die Geschichte noch weiter gehen können. Wenn der Film kein Ende im Sinne der traditionellen Erzähldramatik hat,dann deshalb, so könnte man folgern, weil er die Diskontinuität des Lebens zum Ausgangspunkt einer Auflösung des herkömmlichen Formprinzips genommen hat. Denn das Leben, unser Leben, verläuft nicht auf einer kontinuierlichen und bedeutungsvollen Linie, es ist durch Unterbrechungen, Einschnitte und Unfälle markiert.

Man könnte aber auch sagen: der Unfall (die Katastrophe) ist für uns bereits zu einer solchen Selbstverständlichkeit geworden, daß wir ihn als legitimes Strukturelement einer Geschichte akzeptieren. Er ist Bestandteil unseres Lebens und unserer Vorstellung vom Tod geworden. Natürlich neigen wir immer noch dazu, ihm nachträglich einen Sinn, eine Bedeutung beizumessen: wir deuten ihn als Sabotage, als Attentat, als Aktion eines noch nicht unter Kontrolle gebrachten

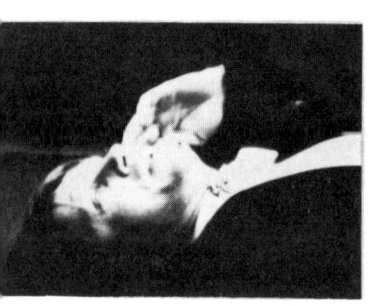

Dämons.Und doch ist es fast schon so,als ließe sich daraus eine neue narrative Formel ohne diesen nachträglichen Sinn machen:... und am Ende hat er dann einen Unfall...

Eine Richtung

In *Rette sich wer kann (Das Leben)* gibt es eine stereotype Frage und eine stereotype Antwort, die man aufeinander beziehen könnte: Was ist das eigentlich für Musik? und : mit Leidenschaft hat das nichts zu tun. Es handelte sich dabei weniger um ein komplementäres Spiel von Illusion und Desillusion, als um einen anderen Typ von Fragen: Was ist hier eigentlich los? Läuft für mich tatsächlich etwas ab? Solche Fragen stellt sich jemand,der unsicher geworden ist, unsicher,welche Musik er da eigentlich hört,unsicher,welcher Musik er folgen soll.Was singt mir,der ich höre,in meinem Körper das Lied? Bamberger: "*Jeder Film ist ein Richtungsinstrument.*" Er gibt keine Antworten, aber er hilft, eine Reihe von Fragen genauer zu stellen, er gibt den Fragen eine Richtung...

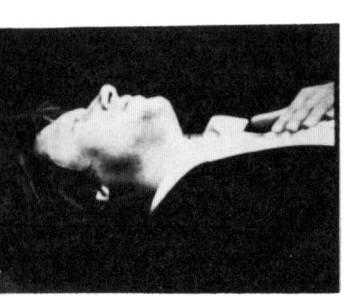